中国近代新闻学名著系列丛书

芮必峰 ◎ 主编

# 新闻学的理论与实际

〔英〕斯蒂德 ◎ 著
(Henry Wickham Steed)
王季深 吴饮冰 ◎ 译

中国传媒大学出版社
·北 京·

## 编委会

# 出版说明

本丛书整理再版了近代在中国用中文出版的经典新闻学著作，所涉及的图书既有专著、教材，也有译著，全面涵盖了新闻学理论、新闻业务、新闻史等领域，成书年份前后跨越40年。在这40年间，中国的新闻学科从无到有、从借鉴到创新，成就巨大。对这些著作的再次出版，为研究中国近代新闻学提供了珍贵的史料，绘制了中国近代新闻学的全景，度量了中国近代新闻学的厚度，填补了该领域空白，也为纪念中国新闻学诞生100周年献上了一份厚礼。

我们请中国人民大学新闻学院教授、博士生导师，广西大学新闻传播学院院长，教育部社会科学委员会委员兼新闻传播学科召集人郑保卫，及中国传媒大学传播研究院院长、教授、博士生导师，中央实施马克思主义理论研究和建设工程新闻学首席专家雷跃捷对本丛书的内容进行了审定，并根据专家的意见进行了修改。在此对两位专家所付出的辛勤劳动表示衷心感谢。

由于历史原因，本丛书中的个别图书存在一些问题，为保存历史原貌，为研究者提供一手的参考资料，影印时均基本保持其原貌，未作大的删改，希望读者结合当时的历史条件和历史环境，对其中的观点进行批判性借鉴。原书中存在一些错别字、漏字和排版错误，我们在影印时均未做改动，敬请读者注意。

由于原书出版年代久远，本丛书中的许多书籍难觅其踪，存世数量稀少，版权状况极其复杂。为了保证本丛书的学术性和完整性，我们将具有价值的图书先行选入其中，进行了抢救性发掘，力图保存中国新闻史珍贵的历史资料。版权所有人若有异议，请及时与我们联系。

为更好地体现中国近代新闻学的发展脉络，本丛书特别收录了欧美学者休曼的《实用新闻学》、斯蒂德的《新闻学的理论与实际》；日本学者松本君平的《新闻学》、后藤武男的《新闻纸研究》、杉村广太郎的《新闻概论》。当年这些书的出版对中国近代新闻学具有一定的借鉴意义。

本丛书为影印制作，成书清晰度由原书决定，由于出版年代久远，受当时生产力水平及制作方法限制，难免会存在一些缺陷，敬请读者谅解。

中国传媒大学出版社

# 总　序

如果从1903年商务印书馆编译出版日本人松本君平的《新闻学》算起，中国的新闻学已有115年历史[①]。如果从1918年北大新闻研究会建立，徐宝璜开办新闻学讲座算起，中国新闻学教育和研究迄今正好100年历史。我们搜集整理了清末至民国期间一些有代表性的新闻学书籍，希望借此重现早期中国近代新闻学的本来面貌，反映我国新闻学发展的历史脉络，我们认为，这对中国新闻学术、教育史研究以及中国近现代思想史研究都是很有意义的。

从1903年到1949年9月的40多年间，我国公开出版和内部印行的新闻学书籍，包括专著、教材、论文集、资料汇编、参考工具书等，约468种之多。[②]它们集中反映了我国新闻学的历史发展轨迹。然而，由于多种原因，这些书籍除了几本曾被重印出版外，大多已经是“只闻其名、难觅其踪”，这对我国新闻学研究不能不说是一个遗憾。

本丛书在梳理1903—1949年间出版的有代表性的新闻学书籍的基础上，精选了50部著作，校订注释，编纂再版，也算对这一遗憾的弥补。

从我们挑选的这50部新闻学书籍来看，中国早期新闻学的发展有三个鲜明的特点：

**一、中国早期新闻学的发展与中国社会发展，尤其与国家民族利益息息相关**

40多年间，中国新闻学从近乎空白到勃然而兴，这与中国社会的动荡、变

---

① 黄天鹏回顾新闻运动时说：“有清光绪二十八年，商务印书馆刊行《新闻学》一书，为我国人知有新闻学之始，原书为日人松本君平所著……”资料来源：黄天鹏. 新闻运动之回顾［A］. 黄天鹏. 新闻学名论集［C］. 上海：上海联合书店，1929.

② 林德海，等. 中国新闻学书目大全1903—1987［M］. 北京：新华出版社，1989.

革休戚相关。西方新闻学是现代化的产物，最早形成于19世纪末20世纪初。1901年，“新闻学”一词首见于中文报章[①]，但直到民国前夕，国人对于“新闻有学乎”尚存疑，认为报社就是新闻人才的“养成所”。至1912年上海报业俱进会以“吾国报业之不发达……其最大原因，则为无专门之人才”[②]为由，号召组织报业学堂，培养报业专门人才。不难看出，此时新闻界亦将新闻学视为办报之“技”。至1918年邵飘萍为徐宝璜《新闻学》作序仍“窃叹我国新闻界人才之寥落，良由无人以新闻为一学科而研究之者”[③]。黄天鹏把1903年至1918年新闻学研究会建立之前的十余年视为中国新闻学的启蒙期。[④]

1918年，随着以启蒙为目标的新文化运动愈演愈烈，新思潮涌入国门，“新学”“西学”站在旧传统的对立面被学界关注，新闻学思想也不例外。作为公学之首和新文化运动中心的北京大学率先开办新闻学研究会，力证了“新闻学”存在的正当性；徐宝璜《新闻学》一书问世，成为中国新闻学理论的奠基之作。新闻学教育兴起，新闻学研究著作渐盛，待到北伐前夕，中国新闻学从学理上和实践上俱已建立起来。

新文化运动后期，马克思主义传入中国，资本主义文明逐渐“祛魅”。之后的大萧条使得西方国家的痼疾暴露无遗，曾经“理想之彼方”的西方报业也难以幸免。在这一时代背景下，如何建立“吾国之报业”成为新闻学研究的热点，围绕这一热点，一方面，关于中外新闻理论、新闻事业、新闻业务的著作日益涌现；另一方面，军阀对于激进言论的暴力摧残，又引发了新闻人对于言论自由的论争。20世纪20年代的中国新闻学呈现百家争鸣之势。

“在这言论自由纷争之际，也有若干论调，认为新闻纸不过是一种政治宣传的工具，在新闻学方面也唱过所谓社会主义的新闻理论，不过这种论调没有完成，当头的国难已把这种理论粉碎。”[⑤]“九一八”事变后，面对空前的民族危机，“国家至上、民族至上”成为国论，报业成为勾连与动员社会的渠道和网络，

---

① 梁启超．本馆第一百册祝辞并论报馆之责任及本馆之经历［J］．清议报，1901（100）：1–8.

② 戈公振．中国报学史［M］．上海：上海书店，1989：278.

③ 徐宝璜．新闻学［M］．长春：时代文艺出版社，2009：7.

④ 黄天鹏．四十年来中国新闻学之演进［M］//龙伟，任羽中，王晓安，何林，吴浩．民国新闻教育史料选辑．北京：北京大学出版社，2010：149.（以下征引本书时，一律简注为《民国新闻教育史料选辑》。）黄天鹏在此文中提出他对于1903年到战事结束的40余年间中国新闻学发展阶段的划分，原载《中国新闻学会年刊》第1期，1942年9月。

⑤ 黄天鹏．四十年来中国新闻学之演进［M］//民国新闻教育史料选辑．北京：北京大学出版社，2010：161.

致力于推动“舆论统一”。直到全面抗战中期之前，以战争宣传动员为主要研究目标的“战时新闻学”都是新闻学研究的热点。

1943—1949年中华人民共和国成立前夕，随着战争形势的转变，抗日战争已现胜利的曙光，中国新闻学人开始构想新闻业的未来。萨空了①于1943年开始着手书写《科学的新闻学概论》，旨在提醒新闻人应“鉴于美英的前车”②，避免报纸“为大财阀资本家所独占”③，“积极地设法使报纸成为大多数民众自己的相互报道消息、提供意见的工具”④。

**二、中国新闻学是“西学东渐”的产物，中国早期新闻学人大多具备西学背景**

“西学东渐”的内在精神是中体西用。在“用”的招牌下，西学大量涌入。中国新闻学直接引自日本和美国。首先，中国最早的新闻学译著分别为1903年商务印书馆编辑出版的松本君平的《新闻学》和1913年美国记者休曼著、史青编译的《实用新闻学》。前者成为中国新闻学的开端，而后者作为美国第一本新闻教育著作，“提供采访编辑各种实际问题的解决方案”⑤，也奠定了中国新闻人对于新闻教育之作用的基本构想。

早期中国新闻学人大多具备留美留日的求学背景。徐宝璜曾于美国密歇根大学修习经济学与新闻学，其《新闻学》（1919）的参考文献包括在美国出版的图书23种、在英国出版的图书7种，印证了时任北大校长蔡元培所言，“新闻学之取资，以美为最便矣”⑥。任白涛求学日本早稻田大学政治经济学系时，加入了《朝日新闻》名记者杉村楚人冠等筹建的“大日本新闻学会”⑦，《应用新闻学》

---

① 萨空了（1907—1988）四川成都人，蒙古族，笔名了了、艾秋飚，记者、主编、新闻学家。1927年任《北京晚报》《世界日报》编辑记者、《世界画报》总编辑。曾任教民国学院新闻系、北京新闻专科学校。1935年任上海《立报》副刊主编、总编辑兼经理。中华人民共和国成立后任中央人民政府新闻总署副署长兼新闻摄影局局长、出版总署副署长、全国政协副秘书长兼《人民政协报》总编辑等职。负责主编《中国大百科全书·新闻出版》卷，著有《科学的新闻学概论》《科学的艺术概论》《宣传心理研究》等。

② 萨空了. 科学的新闻学概论［M］. 香港：文化供应社，1946：36.

③ 萨空了. 科学的新闻学概论［M］. 香港：文化供应社，1946：36.

④ 萨空了. 科学的新闻学概论［M］. 香港：文化供应社，1946：36.

⑤ 黄天鹏. 四十年来中国新闻学之演进［M］//龙伟，任羽中，王晓安，何林，吴浩. 民国新闻教育史料选辑，北京：北京大学出版社，2010：157.

⑥ 邓绍根. 中国新闻学的筚路蓝缕：北京大学新闻学研究会［M］. 北京：清华大学出版社，2015：228.

⑦ 1915年《朝日新闻》的杉村楚人冠等在庆应义塾大学创办“新闻研究会”并讲授课程，后根据该讲义出版了《最近新闻纸学》（1918）。其时，杉村楚人冠还兼任“大日本新闻学会”的筹建者与学会新闻讲座讲师。

(1922)正是仿照杉村楚人冠《最近新闻纸学》一书体例所做。[①]邵飘萍的《实际应用新闻学》(1923)亦参考了《最近新闻纸学》。[②]杉村楚人冠深受美、德新闻思想熏陶，美、日、德的新闻思想因故才传到中国。

事实上，正是留美、留日学生群体的新闻学著述构建起了中国早期新闻学的基本框架。仅本丛书所涉国内著（编）者30人中，剔除资料不详者3人，有留学经历者共计15人。其中留美5人：徐宝璜、伍超、赵敏恒[③]、戈公振[④]、曹用先[⑤]；留日8人：吴定九[⑥]、邵飘萍、黄天鹏、任白涛、张友渔[⑦]、谢六逸、袁殊[⑧]、王文萱[⑨]；

① 周光明．近代新闻史论稿［M］．北京：社会科学文献出版社，2014：276.

② 方晓红．中国新闻简史［M］．南京：南京师范大学出版社，1996：122.

③ 赵敏恒（1904—1961），记者、新闻学教授。早年就读于清华大学，1923年起先后于美国科罗拉多大学文学院、密苏里大学新闻学院、哥伦比亚大学新闻学院攻读英国文学和新闻学，并获新闻学硕士学位。1925年起在纽约环球通讯社当编辑。1927年回国，在国民政府外交部情报处短暂工作后加入路透社。1945年10月任《新闻报》总编，兼任复旦大学新闻学教授。

④ 留学两个及两个以上国家的，按其留学的第一个国家计。

⑤ 曹用先，女，宁波人，天津南开大学社会科毕业。1926年与未婚夫查良鉴自南开大学毕业后，同赴密歇根大学留学，1930年在该校安娜堡完婚。硕士毕业后回国，曾就职于上海商务印书馆编辑所并任教于大夏大学，1949年与查赴台，1951年4月病逝于台湾。

⑥ 吴定九（1890—1930），名鼎，字定九，嘉定人。著名报人，《京报》元勋之一，著有《新闻事业经营法》。公派赴日本名古屋学习土木工程时，与在东京政法学校读书的邵飘萍成为密友。1923年9月，私立北京平民大学设立报学系，时任京报社经理的吴定九担任教授并讲授专业课程“新闻经营法”。

⑦ 张友渔（1898—1992），原名张象鼎，字友彝，又名张忧虞，山西灵石人。法学家、政治学家、新闻学家。先后求学于山西第一师范学校，国立北平法政大学法律系。1927年任《国民晚报》社长兼总编辑。同年加入中国共产党，任中共北平市委委员兼秘书长。1930年赴日留学。“九一八”事变后回国任《世界日报》主笔及燕京大学、中国大学、民国大学、中法大学、北平大学法商学院教授，讲授宪法学、劳动法学、新闻学和日本问题。1943年起在重庆任中共南方局文委秘书长、《新华日报》社论委员会委员、中共重庆工作委员会候补委员兼政策研究室副主任、《新华日报》代总编辑等职。

⑧ 袁殊（1911—1987），中共谍报人员、记者、新闻学者。早年赴日攻读新闻学、东洋史。曾创办上海自修大学并设新闻专科。1931年3月创办的《文艺新闻》，最早揭露了左联五烈士被害的消息。1932年任新声通讯社记者，经潘汉年引介加入共产党。1942年卧底敌伪报纸《新中国报》，1945年10月转移到苏北解放区；1949年调入中央情报部门。著《记者道》《学校新闻讲话》《新闻大王赫斯特》等书；译《新闻法制论》等。

⑨ 王文萱，曾留学日本，1930年5月翻译杉村广太郎的《新闻概论》。1942年国立社会教育学院新闻系成立，王文萱在该系教授新闻业务课程。1947年年初，李宗仁授意萧一山在北平创办《经世日报》作为喉舌，任命王文萱、蓝文澄两位教授为主笔。

旅欧2人为胡愈之和储玉坤[①]（详情见表）。这些涉足新闻学研究的归国留学生兼容并蓄，汲取美、日、德等国新闻理论和马克思主义新闻思想的精华，进行本土化改良，亦从侧面反映出中国新闻学的理论来源。

**三、中国早期新闻学人往往兼新闻实践、新闻教育、新闻研究于一身**

1918年，北京大学新闻学研究会成立，徐宝璜负责讲授新闻学知识。他结合自身从业经验，参考欧美新闻学书目，形成课程讲义；再结合讲课心得，不断完善新闻学理论。1919年，国人自撰的第一本新闻学专著《新闻学》最终成书。徐在自序中细陈写书修书之过程："新闻学乃近世青年学问之一种，尚在发育时期。余对于斯学，虽曾稍事涉猎，然并无系统之研究。客岁蔡校长设立新闻学研究会，命余主任其事，并兼任导师。余乃于暑假中，正式加以研究，就所得著《新闻学大意》一篇，以为开会后讲演之用。……开会后，余继续研究，加以会员之质疑问难，时有心得，遂将原稿加以修改，成第二次之稿……"[②]显然，"曾稍事涉猎"指其曾经担任《晨报》主笔的工作经历。早期中国新闻学人兼具从业经验和新闻学教学经验者多会总结实践经验、丰富新闻理论、著书立说、传道授业，这种情况并不鲜见。

从早期新闻学著作的作者（编者）身份来看：本丛书涉及国内著（编）者30人，除李公凡、刘元钊和鲁风三人身份不详，仅蒋国珍[③]、项士元[④]二人没有明确的新闻从业经验。而在这25人中，更有20人兼具从业经历与从教经历。新闻学人大多具有新闻从业经历，学术研究、传承活动与新闻实践密不可分（详

---

① 储玉坤，1912年生，江苏宜兴人，笔名雨君、储华。1937年中央政治学校大学部新闻学及国际政治专业毕业。1938年1月任《文汇报》编辑兼社论撰述者；1938年5月担任《文汇报》法国哈瓦斯分社编辑；抗战胜利后，任《文汇报》总主笔。1946年5月转任《申报》主笔和法国新闻社远东分社中文部主任，兼任中国新闻专科学校教务长和沪江大学新闻系教授。著有《现代新闻学概论》《第二次世界大战史》《美国经济》。

② 邓绍根，中国新闻学的筚路蓝缕［M］. 北京：清华大学出版社，2015：244.

③ 蒋国珍出生于1896年，江苏溧阳人，做过学生运动领袖、国民党党员、教育工作者、政府职员、银行经理。曾加入上海学生运动，代表上海全国各界联合会、全国学生联合会、上海各界联合会、学生联合会四团体发声。虞文俊认为其传世的《中国新闻发达史》翻译自日本人伊藤武雄的《中国新闻发达史》，即蒋国珍应为此书的译者而非著者。

④ 项士元（1887—1959），佛教居士、学者。原名元勋，号慈圆，又号石槎。浙江临海人，通日、英、德、梵、俄文，一生佛学著作等身。25岁毕业于杭州府中学堂，后办私立小学和赤城初级师范，兼任各校教师；捐资并赠书创办了临海图书馆。项士元长期辗转江浙等地从事教育、新闻和史志方面的研究工作。中华人民共和国成立后主持台州文管会，任浙江省文史馆馆员。所著《浙江新闻史》是中国最早的新闻史之一。

见表1[①]）。

从新闻学著作本身来看，许多民国新闻学书籍正是新闻实践和新闻教育的直接产物：国人自撰的第一部新闻采访学专著——《实际应用新闻学》根据邵飘萍在北京大学新闻学研究会和平民大学新闻系的讲稿所著，《新闻学总论》一书则根据邵氏国立政法大学的新闻学讲义整理而成；周孝庵[②]根据自己在复旦大学的新闻学讲义编著了《最新实验新闻学》；郭步陶[③]的《本国新闻事业》是上海市私立申报新闻函授学校讲义之十一；而《新闻学的基础知识》本就是中美日报读讯会[④]为新闻学自修者所出版的教材《实用新闻学讲义》之一；储玉坤的《现代新闻学概论》则是专门为大学新闻理论教科书而编写的（详见表2）。

正是由于早期新闻学人兼新闻实践、新闻教育、新闻研究于一身，才能为理论教学与著述提供最鲜活的案例，促使新闻实践经验迅速融入新闻学理论研究。这是近代中国新闻学迅速发展的重要因素，对于当今的新闻学研究、新闻学教育工作也有重要启示。

本丛书编委会邀请相关领域资深专家进行研讨，认真甄选了书目，仔细进行了版本比较和甄别，从而保证了本丛书较高的学术权威性。

由于历史的局限，民国新闻学书籍的不足是明显的，如学术理论不成熟、部分话语和话题打上了深深的时代烙印等；又因书中涉及的新闻稿件写作于特定历史环境和历史年代，其表达方式不严谨亦不可避免。盖所选书目皆是历史文献，我们在审校中尽量保持其历史原貌，不做大的删改；对极个别对马克思

---

① 李秀云．留学生与中国新闻学［M］．天津：南开大学出版社，2009：239-251．本书中李秀云整理了民国期间从事新闻学研究的留学生44人，并分析其留学国别构成、专业构成、新闻实践经历、从教经历等。

② 周孝庵（1900—1973），佛教学者、律师、报人。松江府人。毕业于江苏省立第一商业学校。历任上海时事新报馆记者、编辑、主编，著《最新实验新闻学》。1928年秋被复旦大学聘为新闻学教授。曾于上海法政大学获法学学士学位，1930年兼律师。1932年主编上海《新闻报》“法律质疑”栏目、编著了《法律质疑汇编》。上海沦陷后，曾氏关闭了律师事务所，潜心佛学研究。

③ 郭步陶（1879—1962），原名成爽，后改名惜，字步陶。四川隆昌人。名记者、新闻研究者。1911—1917年任《申报》编辑，1917年任《新闻报》编辑主任、主笔。1930年任教于复旦大学新闻系。上海沦陷后赴香港，任职于《申报》（香港）、《星岛日报》；1939年创建中国新闻学院（香港）并任院长。抗战胜利后回沪任教于复旦大学、新中国学院。

④《中美日报》是“孤岛”时期的国民党报纸，为躲避日伪新闻检查，在美商罗斯福出版公司招牌下运作，副刊有《集纳》《堡垒》等。1938年11月创刊，1941年12月停刊，1945年8月复刊，次年4月终刊。总编先后为杨勋民、查修、詹文浒，总主笔周宪文，执笔者有储玉坤、章丹枫等。胡道静曾任英文编辑。报社读讯会为自修新闻学的读者出版了《实用新闻学讲义》，共计10种，对编辑术、采访术、评论作法、新闻写作、新闻学史、剪报工作等都有专篇论述。

主义、共产党等的不适当叙述已进行了删除处理。

本丛书规模较大，从策划项目、搜集资料、校订编纂到审稿成书，历时两年有余。这50本书可能并非本本经典，其中有些内容亦有重复、雷同之处，但瑕不掩瑜，它们对于研究中国新闻学功不可没，作为新闻史资料极具研究价值。感谢中国传媒大学出版社和安徽大学新闻传播学院诸位老师的辛勤付出，也希望读者在本丛书中能读出更丰富的内容，获得启发并更深入地思考。

丛书主编　芮必峰

2018年5月7日

**附表：**

**表1　著者受教育、从业、从教及著述情况列表**

| 序号 | 姓名 | 是否留学及留学国家 | 从业经历 | 从教经历 | 著作 |
|---|---|---|---|---|---|
| 1 | 徐宝璜 | 美国密歇根大学，经济学、新闻学 | 北京《晨报》主笔 | 北京大学新闻学研究会、北京平民大学新闻系 | 《新闻学》《新闻事业》 |
| 2 | 戈公振 | 1927年赴美国、日本考察新闻事业 | 首创《图画时报》、“上海新闻记者联合会”会长、《申报》总管理处设计处主任兼《申报星期画刊》主编 | 上海南方大学新闻系、上海国民大学新闻系、复旦大学新闻系、上海沪江大学商学院、上海民治新闻学院 | 《新闻学撮要》《中国报学史》《新闻学》 |
| 3 | 邵飘萍 | 东京政法学校 | 《汉民日报》主编、《时事新报》《申报》《时报》主笔、创办“北京新闻编译社”、《京报》社长 | 北京大学新闻学研究会、北京平民大学新闻系、国立法政大学 | 《实际应用新闻学》《新闻学总论》 |
| 4 | 吴定九 | 日本名古屋工业专门学校土木工程 | 主持《京报》 | 北京平民大学新闻系、国立法政大学 | 《新闻事业经营法》 |
| 5 | 谢六逸 | 日本早稻田大学东洋文学史 | 《立报》文艺副刊《言林》主编、《国民周刊》《趣味》周刊主编 | 复旦大学新闻系、申报新闻函授学校、国立社会教育学院新闻系、暨南大学新闻系、大夏大学新闻系 | 《实用新闻学》《国外新闻事业》《新闻储藏研究》 |
| 6 | 黄天鹏 | 日本早稻田大学新闻系硕士 | 在北平创刊《新闻学刊》并担任主编 | 复旦大学新闻系、上海沪江大学商学院新闻学科 | 《新闻文学概论》《中国新闻事业》《新闻学入门》《新闻学概要》 |
| 7 | 赵敏恒 | 美国科罗拉多大学文学院、密苏里大学新闻学院、哥伦比亚大学新闻学院攻读英国文学和新闻学，并获新闻学硕士学位 | 纽约环球通讯社编辑，后加入路透社。“九一八”事变后为美国国际新闻社、伦敦《每日电讯报》《朝日新闻》等供稿。1945年10月任《新闻报》总编辑 | 复旦大学新闻系、中央政治学校新闻系、暨南大学新闻系 | 《外人在华的新闻事业》 |

续表

| 序号 | 姓名 | 是否留学及留学国家 | 从业经历 | 从教经历 | 著作 |
| --- | --- | --- | --- | --- | --- |
| 8 | 周孝庵 | 无 | 历任上海时事新报馆记者、编辑、主编；主编《上海新闻报》“法律质疑”栏目 | 复旦大学新闻系、新闻大学函授科 | 《最新实验新闻学》 |
| 9 | 张友渔 | 1930年、1932年、1935年多次赴日学习新闻学、考察日本新闻事业 | 《世界日报》编辑、《大同晚报》总编辑、《国民晚报》社长、《泰晤士报》总编辑、《新华日报》社论委员 | 燕京大学新闻系、北平民国学院新闻系 | 《新闻之理论与现象》《日本新闻发达史》 |
| 10 | 袁殊 | 日本新闻专科学校、早稻田大学历史系 | 创办《文艺新闻》《译报》、新声通讯社记者 | 上海自修大学新闻专科 | 《记者道》《学校新闻讲话》《新闻大王赫斯特》《新闻法制论》（译） |
| 11 | 胡愈之 | 1928年法国巴黎大学攻读国际法 | 《东方杂志》编辑、创办《公理日报》、哈瓦斯通讯社远东分社中文部编辑主任、主编新加坡《南洋商报》 | | 《胡愈之出版文集》 |
| 12 | 储玉坤 | 留法 | 《新闻报》编辑、《文汇报》编辑、法国哈瓦斯通讯社中国分社编辑、《文汇报》总主笔、《申报》主笔、法国新闻社远东分社中文部主任 | 中国新闻专科学校、沪江大学新闻系、之江大学新闻系、致用大学新闻学系 | 《现代新闻学概论》 |
| 13 | 任白涛 | 日本早稻田大学政治经济学 | 创办中国新闻学社、《新湖北日报》总编辑 | | 《应用新闻学》《综合新闻学》 |
| 14 | 曹用先 | 美国密歇根大学① | 上海商务印书馆编辑所② | 大夏大学③ | 《新闻学》 |

① 毛彦文．往事［M］．北京：商务印书馆，2012：28．

② 雪林．一段值得介绍的婚姻（红藏·生活·第四卷第三十八期）［M］．湘潭：湘潭大学出版社，2014：435–437．

③ 毛彦文．往事［M］．北京：商务印书馆，2012：28．

续表

| 序号 | 姓名 | 是否留学及留学国家 | 从业经历 | 从教经历 | 著作 |
| --- | --- | --- | --- | --- | --- |
| 15 | 王文萱 | 留日① | 《经世日报》② | 国立社会教育学院新闻系③ | 《新闻概论》（译） |
| 16 | 伍超 | 留美<br>"攻读新闻科"④ | | | 《新闻学大纲》 |
| 17 | 郭步陶 | 无 | 《申报》编辑、《新闻报》编辑主任兼主笔、《申报》（香港）、《星岛日报》编辑 | 复旦大学新闻系、《申报》新闻函授学校、中国新闻学院（香港）、新中国学院 | 《本国新闻事业》 |
| 18 | 任毕明⑤ | 无 | 《民国日报》《时报》《快报》主笔、《大众日报》总编辑 | 香港中华新闻学院 | 《战时新闻学》《评论学十讲》 |
| 19 | 赵君豪⑥ | 无 | 《申报》副总编辑 | 上海商学院新闻专修科、复旦大学新闻系、上海法政学院新闻专修科 | 《中国近代之报业》《上海报人的奋斗》 |

① 杉村广太郎．新闻概论·黄序［M］．王文萱，译．上海：联合书店，1930．

② 冯国定．忆萧一山先生［M］//中国人民政治协商会议北京市委员会文史资料研究委员会文史资料选编（第43辑），北京：北京出版社，1992：104．

③ 苏州大学社会教育学院．峥嵘岁月（第三集）［M］．北京、上海、南京、苏州校会．1991：229．

④ 伍超．新闻学大纲·自序［M］．上海：商务印书馆，1925．

⑤ 任毕明，原名任大任，生于1904年，广东鹤山人。1925年在广西梧州创办《民国日报》，曾任《时报》《快报》主笔，主持过香港的《大众日报》。参与创办香港中华新闻学院，并任教。著作有《龙虎集》《风云集》《社会大学》《新社会大学》《战时新闻学》和《评论学十讲》等。

⑥ 赵君豪（1900—？）江苏兴化人。报人。"五四时期"求学于上海交通大学，经常给著名的《民国日报》副刊《觉悟》投稿，并与时任《觉悟》编辑的邵力子讨论种种社会改造问题。毕业后进入《申报》馆工作，抗战后任《申报》副总编辑。1929、1942年两度兼任复旦大学新闻系编辑教授；1930年兼任上海法政学院新闻专修科教授，讲授采访学；曾任《申报》新闻函授学校教授。1944年10月在重庆出版《上海报人的奋斗》。

续表

| 序号 | 姓名 | 是否留学及留学国家 | 从业经历 | 从教经历 | 著作 |
|---|---|---|---|---|---|
| 20 | 杜绍文[①] | 无 | 杭州《民国日报》国际版编辑、《东南日报》《前线日报》主笔兼《新闻战线》周刊主编、《东南日报》总编辑、《文汇报》办公室主任 | 复旦大学新闻系 | 《新闻政策》《中国报人之路》《战时报学讲话》《国际新闻纵横谈》 |
| 21 | 胡道静[②] | 无 | 《万有文库》编辑、上海通志馆编修、《通报》《中美日报》《大晚报》等报记者、编辑、撰稿人 | 上海法政学院新闻专修科 | 《上海新闻事业之史的发展》 |
| 22 | 张静庐 | 无 | 创办上海杂志公司并出任总经理 | | 《中国的新闻记者与新闻纸》《中国近代出版史料》《中国现代出版史料》《中国出版史料》《在出版界二十年》 |
| 23 | 萨空了 | 无 | 《北京晚报》编辑记者、《世界日报》画刊编辑、《世界画报》总编辑、天津《大公报》艺术半月刊主编 | 民国学院新闻系、北京新闻专科学校 | 《科学的新闻学概论》 |

① 杜绍文（1909—？），又名杜超彬，广东澄海人。1927年入复旦大学中文学新闻组学习，1931年留校助教。后任杭州《民国日报》国际版编辑、资料室主任、浙江《东南日报》主笔。抗战期间主编浙江战时新闻学会会刊《战时记者》月刊，《国民日报》总编辑、社长；抗战胜利后任上海《前线日报》主笔兼《新闻战线》周刊主编。1946年至1951年间任复旦大学新闻系教授，1952年任上海《文汇报》记者、编委办公室主任。著有《新闻政策》《中国报人之路》《战时报学讲话》《国际新闻纵横谈》。

② 胡道静（1913—2003），安徽泾县人。1931年毕业于上海持志大学国语系。曾参加《万有文库》编辑和上海通志馆编修工作。"孤岛"时期坚守上海新闻界抗日宣传工作，任《通报》《中美日报》《大晚报》《密勒氏评论报》记者、编辑、撰稿人，同时在上海法政学院新闻专修科讲授新闻史课程，为共产党的抗日宣传培养新闻干部。1949年后历任中华书局上海编辑所编辑、上海人民出版社编审等。

续表

| 序号 | 姓名 | 是否留学及留学国家 | 从业经历 | 从教经历 | 著作 |
|---|---|---|---|---|---|
| 24 | 管照微① | | 复旦大学校刊编辑、1931 年兼任上海新闻社记者 | 兰州大学经济系 | 编《新闻学论集》 |
| 25 | 项士元 | | | | |
| 26 | 蒋国珍 | 疑为《中国新闻发达史》的译者而非著者② | | | |
| 28 | 李公凡 | 不详 | | | |
| 27 | 鲁风 | 不详 | | | |
| 28 | 刘元钊 | 不详 | | | |

① 管照微，高中就读于上海立达学园，曾与王济深、刘仲达、唐旭之等先后组织了“时潮社”和“立达剧团”。后进入复旦大学新闻系学习，与伍梦窗、林楚君、向浦、徐之津等加入了复旦大学“左联”，并负责复旦大学的校刊编辑工作。1933年12月21日因宣传左翼思想被捕，后任教于兰州大学经济系。

② 虞文俊是东亚中国新闻史研究第一人。《中国新闻发达史》译者蒋国珍初考［J］. 新闻界，2015（15）.

**表2 书目**

| 序号 | 年份 | 书名 | 作者 | 备注 |
| --- | --- | --- | --- | --- |
| 1 | 1903 | 新闻学 | 〔日〕松本君平 著 | |
| 2 | 1913 | 实用新闻学 | 〔美〕休曼著 史青译 | |
| 3 | 1919.12 | 新闻学 | 徐宝璜① 著 | 北京大学<br>新闻研究会讲稿 |
| 4 | 1922.11 | 应用新闻学 | 任白涛② 著 | |
| 5 | 1923.8 | 实际应用新闻学 | 邵振青 著 | 北京平民大学、<br>国立法政大学讲义 |
| 6 | 1924.4 | 新闻事业 | 徐宝璜 胡愈之 著 | |
| 7 | 1924.6 | 新闻学总论 | 邵飘萍 著 | |
| 8 | 1925.1 | 新闻学大纲 | 伍超 著 | |
| 9 | 1925.2 | 新闻学撮要 | 戈公振③ 编 | |
| 10 | 1927.9 | 中国新闻发达史 | 蒋国珍 著 | |
| 11 | 1927.11 | 中国报学史 | 戈公振 著 | |
| 12 | 1928.9 | 中国的新闻纸 | 张静庐 著 | |
| 13 | 1928.11 | 最新实验新闻学（上） | 周孝庵 著 | 复旦大学新闻系 |
| 14 | 1928.11 | 最新实验新闻学（下） | 周孝庵 著 | 复旦大学新闻系 |
| 15 | 1930.4 | 新闻事业经营法 | 吴定九 著 | |
| 16 | 1930.5 | 新闻概论 | 〔日〕杉村广太郎 著<br>王文萱 译 | |

① 徐宝璜，中国新闻学者、新闻教育家。1912年毕业于北京大学，后公费留美，于密歇根大学攻读经济学、新闻学。徐宝璜在美国密苏里大学受过系统的新闻学教育。

② 任白涛，笔名冷公、一碧，河南南阳人。1911年辛亥革命后，先后担任上海《民立报》《神州日报》《新闻报》驻河南特约通讯员，参加当地反袁活动。1916年留学日本，在早稻田大学攻读政治经济学，并加入了大日本新闻学会。

③ 戈公振所著的《中国报学史》最早由上海商务印书馆出版，是研究新闻学和我国新闻事业发展史的开山之作，国内外新闻界将之誉为中国首部新闻史学权威著作。任教上海国民大学期间，戈公振开始着手《中国报学史》一书的写作。在从事新闻工作之余，戈公振致力于新闻教育事业和新闻学研究工作，曾在上海国民大学、南方大学、大夏大学、复旦大学等校新闻系和杭州暑假报学讲习所讲授新闻学方面的课程，在新闻学研究上留下了许多著述。

续表

| 序号 | 年份 | 书名 | 作者 | 备注 |
| --- | --- | --- | --- | --- |
| 17 | 1930.8 | 中国新闻事业（上） | 黄天鹏[①] 著 | |
| 18 | 1930.8 | 中国新闻事业（下） | 黄天鹏 著 | |
| 19 | 1930.8 | 新闻纸研究 | 〔日〕后藤武男 著<br>俞康德 译述 | |
| 20 | 1930.9 | 浙江新闻史（上） | 项士元 编 | |
| 21 | 1930.9 | 浙江新闻史（下） | 项士元 编 | |
| 22 | 1932.7 | 学校新闻讲话 | 袁殊 著 | |
| 23 | 1932.8 | 外人在华的新闻事业 | 赵敏恒 著 | |
| 24 | 1933.4 | 新闻学入门 | 黄天鹏 著 | |
| 25 | 1933.10 | 新闻学论集 | 管照微 编 | 复旦新闻学会丛书 |
| 26 | 1935 | 实用新闻学（上） | 谢六逸[②] 编 | 申报新闻函授学校讲义之三 |
| 27 | 1935 | 实用新闻学（下） | 谢六逸 编 | 申报新闻函授学校讲义之三 |
| 28 | 1934.1 | 新闻学 | 曹用先 | |
| 29 | 1934.2 | 新闻学概要 | 黄天鹏 编 | 复旦大学讲义、上海沪江大学新闻学专修科 |
| 30 | 1935 | 上海新闻事业之史的发展 | 胡道静 著 | |
| 31 | 1936.5 | 新闻学讲话 | 刘元钊 编著 | |

① 黄天鹏，字天鹏，别号天庐。1927年1月，他创办了我国首个新闻学刊（1929年扩改为《报学月刊》）并任主编；他是我国新闻学术史上最早研究新闻学之产生及发展史的学者，是我国具有新闻学术史观的第一人。他于1923年就读于北京平民大学报学系，1929年留学日本,修业新研究所,旋入早稻田大学新闻系。归国后出版了《新闻文学概论》《中国新闻事业》《新闻学入门》《新闻学概要》等十余本新闻学专著。

② 谢六逸，中国现代新闻教育事业的奠基者之一。著名的作家、翻译家、教授。1917年以公费生身份赴日就读于早稻田大学。1922年毕业归国，入商务印书馆工作。后历任神州女校教务主任及暨南大学、复旦大学、大夏大学教授。1930年任复旦大学中文系主任，并创设了后来闻名海内外的复旦大学新闻系，任主任。

续表

| 序号 | 年份 | 书名 | 作者 | 备注 |
|---|---|---|---|---|
| 32 | 1936 | 本国新闻事业 | 郭步陶 编著 | 申报新闻函授学校讲义十一 |
| 33 | 1936.6 | 新闻之理论与现象 | 张友渔 著 | |
| 34 | 1936.11 | 记者道 | 袁殊 著 | |
| 35 | 1937.7 | 现代新闻学概论 | 储玉坤 著 | 国民党政府唯一指定大学新闻理论教科书 |
| 36 | 1938.7 | 战时新闻学 | 任毕明 著 | |
| 37 | 1938.9 | 中国近代之报业（上） | 赵君豪 著 | |
| 38 | 1938.9 | 中国近代之报业（下） | 赵君豪 著 | |
| 39 | 1938.10 | 基础新闻学 | 李公凡 著 | |
| 40 | 1939.7 | 中国报人之路 | 杜绍文 著 | |
| 41 | 1940.4 | 新闻学 | 戈公振 著 | 1932 年完稿，另有 1947 年版 |
| 42 | 1941 | 新闻学的基础知识（上） | 中美日报读讯会 编 | 中美日报读讯会实用新闻学讲义 |
| 43 | 1941 | 新闻学的基础知识（下） | 中美日报读讯会 编 | 中美日报读讯会实用新闻学讲义 |
| 44 | 1941.7 | 综合新闻学 1 | 任白涛 著 | |
| 45 | 1941.7 | 综合新闻学 2 | 任白涛 著 | |
| 46 | 1941.7 | 综合新闻学 3 | 任白涛 著 | |
| 47 | 1944.9 | 新闻学 | 鲁风 著 | 新中国自修学院约稿 |
| 48 | 1946.6 | 科学的新闻学概论 | 萨空了 著 | 另有 1945.3 出版的署名艾秋飚的版本 |
| 49 | 1946.11 | 新闻史上的新时代 | 胡道静 著 | |
| 50 | 1947.12 | 新闻学的理论与实际 | 〔英〕斯蒂德 著<br>王季深 吴饮冰 译 | 上海文化函授学校读本 |

# 譯序

上海文化函授學校新聞學系的諸學員，散佈在國內外，其中尤以服務於窮鄉僻壤地方新聞事業的現役從業員，讀畢本校編輯的講義及補充教材，對於新聞學的研究與趣日見濃厚，因而獻身於新聞事業的信念也日見堅強。他們一封一封的來信，盼望我推荐有關新聞學的書籍，以資參考；但一致表示最好避免教科書意味太濃重的一類。他們所需要的，不僅是技術的研究，而更是正確的新聞記者的職業觀，以及對於新聞事業促進社會向上的偉大使命的認識。

譯者不敏，自研究新聞學，進而服務報業及文化教育事業，十數年來，深感新聞教育若過份強調技術，而忽視認識，那前途是危險的、失敗的。

窮一星期之勞，跑遍了上海各大書局，經過細心的閱讀與比較，我向同學們推荐如下四本書：一、薩空了先生著「科學的新聞學概論」；二、儲玉坤先生著「現代新聞學概論」；三、趙敏恆先生著「採訪十五年」；四、詹文滸先生著「報業的經營與管理」。有了這四本書，自信可以多少滿足同學們的熱望。然而，我仍覺責有未盡，乃再接再厲，復以一星期之力，翻檢西書，幸覓得斯蒂德(H. W. Steed.)所著的"The Press"，讀後如獲至寶。購書的那天晚間，我摒除一切俗務，獨自在斗室中聚精會神地仔細閱讀，如對故人，直至夜深三更，雖倦極而不忍掩卷釋手。

這是一本有骨子的好書。然而，若要翻譯，則不免有點猶疑，因爲譯者的意見與作者未盡相同。但這猶疑，稍一思索，也就消釋了。因爲作者在「序言」里明明白白地寫道：「我在這本書裏所寫的，眞的就站得住，錯的就倒下來。」(What I have written must stand or fall by its own truth or error.) 假使作者的意見有什麼錯誤的地方，即使目前客觀的事實駁不倒他，他也逃不了未來歷史的淸算。

但在大體上，我是同意作者的意見，並備極欽遲的。

在這一本書裏，作者特別強調「在一切自由中，知識的自由，言論的自由，和批評的自由是最重要的」，因爲這些都是基本的人權；報紙如能善用這些與生俱來的天賦自由或人權，便可盡量發揮，鎭壓暴力；否則，屈服於暴力之下，默爾而息，或噤若寒蟬，甚或賣身投靠，則「其地位便不能高於製造留聲機的工業」。

全書以此爲骨幹，作者發爲正義的呼聲，其眞知灼見，當今新聞學者幾無一出其右。萬分希望讀者耐心地閱讀，勿因他底艱深或以英國新聞事業爲背景，而格格不入。須知英國新聞事業的黑暗面，在若干方面，亦卽我國新聞事業的黑暗面。作者憑其如炬的目光，如刀的筆鋒，爲吾人揭發無遺，提高吾人的警惕性。

新聞教育的最大目的，在示人以是非之辨，爲眞理爲見證；亦卽作者所說的，要給人民提示一個願爲它而生，假使必要，願爲它而死的理想。我國的新聞教育，若不能從純技術的範疇脫穎而出，迫使受教者蔽其兩眼，昧其思辨，在他們與客觀的現實之間高築着一座牆，則我國的新聞事業將淪爲可憐而又可鄙的傳聲筒，人民又何貴乎這個「喉舌」？這是我譯完本書後的一點感想，願與上海文化函授學校新聞學系諸學員及本書讀者諸君共勉之。

今年夏間，於譯畢「美國的新聞事業」之後，又與飲冰兄揮汗趕譯這本「新聞學的理論與實際」，因俗務栗六，時作時輟。流光如矢，於今已是金風送爽的秋天，而嚴冬在望了。

中華民國三十六年十月十日王季深序於上海文化函授學校

# 本書作者亨利・魏克漢・斯蒂德略歷

作者於一八九六年至一九一三年之間，曾任倫敦「泰晤士報」(The Times)駐柏林、羅馬及維也納特派訪員。遂後，自一九一四年一月至一九二二年十一月底，繼續擔任該報的外交編輯及編輯。他是一個著作等身的名記者，其尤著者，如「赫蒲斯勃萊王朝」(Hapsbury Monarchy)，於一九一三年出版，預示奧匈兩國的悲劇；至於「三十年間」(Through Thir'y Years)係彼之自傳，而今已經絕響了。他勇於立言，獨立不可撼。他有功於歐洲兩個國家的建立；大西洋兩岸的各國政府，亦多方尋詢他的諍見，以爲施政的方針與準繩，可見他底聲譽之隆。他是一個新聞事業的天才，關心新聞事業而全力保衛之，畢生苦鬥，無怨無悔。

# 讀者意見表

一、本書爲三十二開本，你覺得太小或正好嗎？

二、你對於本書的封面設計有什麽批評？

三、本書一律用五號宋體排，你閱讀時覺得清楚嗎？你認爲以後出書有改用新五號體，或其他字體的必要嗎？

四、你對於本書的譯筆及校對有什麽批評？

五、本書爲新聞學叢書第一種，至第二種爲英國「泰晤士報」編輯斯蒂德所著「新聞學的理論與實際」，內容頗爲充實。在新聞學的範圍內，你還希望我們出些什麽書？請將書名一一見示。

六、你的親友，如有適合擔任新聞學出版物的著作或翻譯者，請向我們推荐，幷將著譯者及書名見示。

歡迎讀者將上項意見表詳細賜塡後逕寄下列任何地點，自當隨時寄奉新書目錄及優待劵。

**上海文化服務社**　上海富民路古柏公寓二號

**上海文化函授學院新聞學系**　上海古拔路一九七弄二號

**立達圖書公司**　上海古拔路一九七弄二號

# 目錄

# 報紙及其自由：一個綜合的檢討

有一位學識豐富的政治歷史學者在不久以前說過：「報紙是近代民主政治的中心問題」。起先我懷疑他的見解說得是否對。我繼而深思。原來在他的心目中，報紙仍然是以時事消息告知自由人民的主要工具，也仍然是披露公衆消息，公衆輿論，和公衆批評的所在。他所說的「民主」，實際上是指「自由」而言，因爲民主政治是自由的政治形式。在一切自由中，知識的自由，言論的自由，和批評的自由是最重要的。而這種自由便是鎮壓暴君們的法寶。

自由公民的價值，在今天，較諸我們所尚能記憶的過去，是更被人所囂然地，廣大地否認。箝制和控制報紙的，抹殺言論自由和公私批評自由的獨裁制度，自以爲它的政治與社會的效率高於民主政治。這話有幾分是實在的呢？獨裁制度如能與成功的民主政治制度維持同樣長久的時期，則在此時期之末，它們還會提出這樣的話來嗎？誰也不能說。我們不知道獨裁制度至今能有多少永遠的成就，獨裁制度所不能容忍的一件事便是足以造成正確判斷的披露新聞的自由。我們知道他們告訴我們的是什麼？我們也知道他們所告訴我們的並沒有全由事實來證明過。因此我們待着看吧。同時我們以爲反對民主自由的話並沒有充分的理由。

眞的，民主制度是不容易動作的。它們需要一種高度的文明。鮑爾温爵士（Lord Baldwin）說：民主制度常較獨裁制度落後兩年，他說這話時，還不是僅僅自圓其說嗎？原來成功的民主政治幾乎都需要先實踐兩個困難的條件：第一，民主政治較諸祇要人民思想一致，服從命令的獨裁制度需要一種更崇高的，更有力的個人公民觀念；第二，自治社會的領袖代表們必需有一種警覺的先見。

關於這種社會，前捷克總統馬薩里克（President Masaryk）說得很好，「自治卽自制」，不僅僅是否定權力。但獨裁制度則以爲「上層統治的政府」本身便是好的，而一人的統治尤其好。一個領袖，居於一黨之上，統轄一「國」所有的資源，加其強力於報紙與個人生命之上，這便是獨裁制的方法與理想。這種方法與理想不容有新聞自由的餘地，而不自由的報紙，其地位便不能高於製造留聲機的工業。

但在另一方面，民主的理想却以爲自由公民應有其個人的權利與自由，以服務社會。如果公民不能知道有關社會公益的新聞，或祇能知道其一部分，或由其領袖隨意擺佈，那末公民何能服務社會？如果沒有知識的自由，同意或不同意的自由，那末執行公務者決不能獲得明智的擁護。換句話說，作爲民主政府支柱底明智的輿論便不會存在。

相反地，沒有明智的批評或同意，和限制公衆的見聞，便勢必產生貪汚和其他的秕政，這是獨裁制度所特別容易犯的。同時，公衆既不能控制政治，惡政便能爲所欲爲，一直到這個社會被逼起而反抗其統治者爲止，因爲除此以外便別無補救辦法。因此獨裁制度的末日也許是混亂與社會的大禍。準是而論，則以負責公民的精神而經營之自由報紙立刻便成爲近代民主政治的中心問題和主要保護者。

當然，現在報紙已不再是傳達消息於公衆的唯一的媒介，而無綫電廣播在社會生活中，其重要性與日俱增，但廣播事業的新聞的與教育的勢力祇是報紙功用的延長，而不是它的限制。至少在英國，廣播電台所廣播的新聞並不是自己得來的，它祇把平常通訊社的電訊傳達出去，縱使再加評論，或由著名的廣播家加以評論，它仍不過是追隨報紙的工作，或是佔報紙工作之先鞭而已，再者，口頭的廣播祇訴之於耳，並不訴之於目。廣播的聽衆要想對所聽到的意見加以思索，便會設法「看印在紙上」的，這樣可使他們有較爲成熟的判斷。這些口頭發表的意見或批評，仍需印在紙上，那不是報紙的延長是什麼？

★ ★ ★ ★

我們不論把報紙視爲九頭的怪物，或是民主社會中自由的保障者，新聞總是報紙的生命之血。報紙的最大功用便是採集，傳佈，和解釋公衆所關心的新聞。這是一種有功於社會的功用，如以負責的精神而正當發揮之，也便是一種非常榮譽的功用，一個社會的安全也許便靠着它。在這世界上，自有生物以來，新聞便在人類社會中佔有重要的地位，甚至在動物社會裏也佔有重要地位。動物聞到危險，這便是「新聞」，因爲它們的安全被威脅了。文明社會及其統治者們對於足以影響他們幸福的事件，爲何一定要獲得迅速而準確的情報呢？使節和差使，間諜和卜者，快船和驛使，無非都爲此而設，更不用說電報和電話了。新聞的要義便是對已經發生的或可能發生的事，提出適時的警告，而適當的新聞傳佈便是最大的社會服務。

在這種服務中，新聞事業，或是所謂「報紙」仍然是主要的工具。它的形式是由印刷技術來決定的，跟着印刷技術成爲迅速的機械過程而變化。裝在鋼盤裏的金屬字模發明以後，口頭的或是書面的話才能迅速印刷出來，也惟有這樣才能產生印報機。同樣地，一直要到民主的政治制度建立，中產階級——即「第三階級」——解放以後，報業（有時稱爲「第四階級」）才能開始發達。在這以前祇有一些小册子，公報，期刊之類，以討論政事爲主。在英國，有別於當地的新聞單子與新聞通信的全國性的獨立的日報，祇在十八世紀最後的廿五年略前一點才出現。就在這時候，報紙也還不過是印刷所的附屬品。原來印刷技術的進步，與新聞探訪，新聞傳播的進步，關係非常密切。

眞正的報業的生長要從採訪新聞被認爲合法的私人企業之日算起。政府自然想控制或是影響這種事業，或是利用直接的檢查制，或是加以經濟的或刑事的限制。經國大計，和國家外交，都是關防嚴密的官方的事，報業一出現，豈非侵入其禁地？就是新聞獲得自由以後，負責的新聞記者對於刊佈新聞與發表評論，仍非常鄭重。他們建立一種自己的沉默的檢查。他們覺得民主的社會在平時固然有獲知有關其幸福的一切消息的權利，但供給此等消息的人就某種意義說，必需負起良心看守人的任務，因此新聞自由，卽指官方對於傳播新聞與發表評論並有強迫限制，是一種公共安全的保證。自由的社會對於任何一件事，在它決定以前，可以聽到各方的意見。至於在非常緊急的時期，譬如在戰時，若干程度的官方控制也許必不可少，以免虛僞的，誇大的，或不妥的消息引起禍患與危害公共幸福。準是而論，則報紙所有權享受的自由應以不妨礙社會全體的幸福爲度，而純粹不能決定於報紙或報紙所有人之私人利益。但是否於社會有利，各人觀念不同，於是便有一個公認的原則，便是如有懷疑，可以自由發表，這種自由，多一分總比少一分爲佳。據經驗所示，不負責的報紙濫用自由，最好的限制是這樣：如有報紙濫用自由，其他更負責的報紙亦有非難此種濫用的自由，國會當然更有這種權力。

★ ★ ★ ★

由責任的問題又引起了另一個問題，即報紙應在怎樣的狀態下產生，新聞記者應在怎樣的狀態下進行其職業。換句話說，如果當新聞記者是一種職業，那末一個合格的新聞記者應有怎樣的職業標準；在今天，這句話是名符其實了，即報紙的機械生產是一種工業，而非行業。眞的，報紙老闆喜歡自稱爲「工業」。於是公衆便會問：新聞的刊佈與售賣既是一種社會服務，報紙老闆怎麼可以使之成爲一種私人的商業或工業。他們在被准以滿足公衆好奇心爲職業之前，他們有否證明具有充分的智力，或是完美的道德；假如他們老實回答說：「除生意眼以外，他無所有」，那末便會引起嚴重的結論。反之，如果報紙老闆認爲執業時應有受託於公衆的觀念，那末也會引起許多複雜的問題。

沒有獲得編輯部全體人員，或是所謂記者的援助，報紙便不能長期出版。誰是「記者」，「記者」是什麼？新聞記者雖然有受過訓練的，或正在受訓，此外還有所謂「新聞學校」，但廣義地說，新聞記者實在用不到經過什麼職業考試，或是領什麼營業執照，他們所採得的新聞，以及所發表的評論，必需出售於公衆，而且常在重大的競爭之下進行的。新聞記者既然不過是採訪新聞和出售新聞的人，則其地位恐亦不過爲馬路上叫賣的小販。但其實際所發生之作用，則使其保持一種地位，高出於僅以引人耳目爲目的者之上。然則此種地位何從而來？

我總以爲新聞記者保有此種地位，實在由於公衆本能地公認眞正新聞記者這一職業不僅僅是一種技術，而高出於技術，也不是一種工業，而介乎藝術與公務之間。而新聞記者本身是非官方的公務人員，其目的在服務社會。這樣性質的新聞記者是生就的，不是造就的。他們也許需要訓練與經驗，但無論怎樣的訓練與經驗都不能使他們成爲新聞記者，除非他們具有一種熱力，眞正的新聞記者和一個普通從事新聞事業人員的分別便在這裏。

有的青年以爲在學校裏成績好，或是善於舞文弄墨，一旦「入了新聞界」，便可以成爲新聞記者，這是最愚笨和可憐的事。隔了幾年，他們也許會發現他們是找錯了職業，沒有這種職業精神，新聞工作會變成沒有魂靈的乏味的工作。這樣他們還是改行的好。沒有熱力的新聞記者並不缺乏。眞正的新聞記者並不多。他們是具有自己的頭腦，自己的見解，蘊蓄着傳佈知識的熱忱的一羣男女，希望通過新聞工作，能有一天將他們認爲公衆應該知道的告訴公衆。這些人才是眞正的「報人」。，「新聞業」如果拋棄了這一些人，而視新聞業爲一種純粹的商業，以增加老闆或股東的財富爲目的，則新聞事業便不成其爲公衆的事業了。

可是眞正的新聞記者時常會看到他們的理想與實際的情形是有着一段距離的 。根據經驗，他們知道他們這一行可能是工業，商業，或是一種自由職業，一種藝術，或是一種公務。有時候是這一種 ，有時候又是那一種了，有時候則又並有以上各種的性質。他們又知道，所謂新聞事業便是逐日採訪，印刷，出版新聞，有時加以評論，有時不加評論。他們知道這是一種負責的工作，新聞必需眞實，評論必需誠正。可是新聞印刷出來，是要讀給讀者的。報紙的讀者也許不喜看討厭的新聞，也許不喜讀討厭的意見。出版報紙是一種企業，報紙和出版報紙的人有賴於讀者的好感。他們應該迎合讀者的脾胃到什麼程度呢？爲了迎合讀者的脾胃，而必得剪裁其新聞與意見，他們究竟應該做到那一點爲止？他們如果剪裁新聞，或是不能暢所欲言，其罪惡是否比短少斤兩的商人或是攙以雜質的製造商更大呢？

據我個人看來，他們的罪惡是更大的。報紙經營的基本原則是：新聞，評論的採訪與出售，根本是公衆所信託的工作。報人與公衆之間有一種默契，即新聞務必儘量求其眞實，求其盡合於出售新聞者之所信，評論必需儘量求其坦白。這種信託的關係，正爲醫生與病人之間的關係，雖然醫生需受醫業法規的管理，需有醫生的證書，而新聞記者則是一種「自由」職業，僅受當地法律表面的限制而已。可是一個不忠實的醫生至多衹能危害幾個病人，而不忠實的新聞記者却能毒害成千成萬讀者的頭腦。如果假的觀念較諸攙雜的食糖或肥皂更爲可怕，那末辜負公衆信託的新聞記者，其罪惡自然較不忠實的商人更大。新聞事業是「新聞工業」的基礎，它具有特殊的地位，因爲它的原料眞的是公衆的頭腦，而其所交易的以「道德價值」爲主。

以某種意義而言，報紙的受託或道德的責任正與傳教士，政治家，或羣衆思想領袖相似。但以另一種意義而言，報紙還得受工商業情形的影響，此在傳教士，政治家等則所受影響較小。報業需要大量資本，它每天要消耗千萬噸的白報紙，白報紙的原料是紙漿，紙漿則以各種樹木所碾成，普通則爲白針樅樹。英國製造白報紙的乾紙漿係以特種輪船向海外運來。印刷報紙每天還需要大量油墨。向全世界各地採訪新聞需要錢，採訪者與傳遞者的薪金也需要錢，發電報也要付報費，此外編輯部，印刷部，營業部的職員都要付工資，所以報業是需要大資本的。要迅速分發，需要廣大的房屋，分發的工具則有大批卡車，甚至飛機。但發售報紙的收入幾乎不夠出版成本的半數。其餘的半數，或是再加上贏利的話，都要從廣告客戶方面取得。而廣告客戶既然出了大部分出版成本的錢，他們也許想對於所刊的新聞或所發表的評論有所主張。

★　★　★　★

廣告影響「報紙」，一天天大起來。報紙是靠它生活的，報紙因爲必需廣告，勢必多方面影響報紙工業和新聞業本身。報紙的廣告價值大部分需視其銷路而定，但也有一部分需視其讀者之素質與購買力。一張報紙如果爲了在道德上受人之託，而以良心處置，以致編輯部同人爲讀者所不悅而減少銷路，報紙的老闆或營業部經理便會對編輯部不慊。祇有頭腦高尙，目光遠大的報紙老闆才願爲了「不得人心」的主義或堅持爲人所不悅的眞理而受銷路的損失與廣告收入的損失。遠見的或堅決的報紙老闆冒過這種險，而且預備再冒這種險，因爲他們深信他們的判斷，或是他們編輯部的判斷不但是對的，而且最後會證明是對的，那時公衆的信心便會收回過去，而且信心較前益大。可是一般新聞記者却不得不記住這一點：所謂報紙，雖然他們也許認爲是一種受託的事業，但決不能脫離會計室的影響。

就是這樣，所謂「報紙」也不見得祇是供商人或製造家登廣告的東西。這好比是一個合作社，讀者是股東之一。如果說，報紙的力量便在該報對於公衆有否吸引力一點，那末一張報紙的老闆，編輯，或是經理以爲公衆的心理祇是被動的，有什麽便會接受什麽，實在愚不可及。報紙果然會影響公衆的輿論，但公衆輿論也能同樣影響報紙。因爲這種種原因，報紙便常想以「公衆所需要的」給予公衆，新聞記者祇要能猜得到公衆眞正「需要的」是什麽，便算好記者。有一些新聞記者，跟他們所服務的報紙老闆，也許以爲普通讀者的趣味極低，祇要儘量迎合讀者的脾胃，報紙便發達。他們果然是成功了。他們的辦法便是「不惜降格以求」，迎合讀者胃口。但另有一班編輯與報紙老闆，他們以教化讀者爲己任，其理想也許太高，不能爲讀者所接受。對於這班人，我們覺得他們應該知道讀者是歡喜被娛的，而不歡喜任何說教。此外還有一種報紙老闆和新聞記者，他們以爲最好先迎合公衆脾胃至某種程度，然後以最動人的方式灌輸以好的東西，使他們樂於接受。這是最聰明的一等人。

公衆所眞正需要的是什麽呢；公衆不需要沉悶的報紙，也遲早會停止購買或閱讀沉悶的報紙。因此新聞事業十誡中的第一條便是：「你不能沉悶」。果然有一班穩重的讀者，他們痛恨「噱頭主義」，而歡喜「天下太平」，但要靠這班人增加銷路是不行的，要以這班人的好惡來決定「公衆輿論」也是不行的。專門迎合這一班人趣味的報紙和新聞記者忘記了一個基本事實，卽報紙的主要作用在乎供給「新聞」，遺漏新聞或是遲報了新聞是新聞業的最大的罪惡，「新聞」的定義也許便是特殊的事件之謂，或是不平常的事件之謂。如果祇有意料中的事，那末公衆便會說：「沒有什麼新聞」。某著名報紙老闆說過一句譏世的話：「惡是新聞，善非新聞」，他的意思便是說善是正常的，惡是特殊的。其所以譏世，乃在罪惡的新聞即善人亦喜聽之，而「不惜着意渲染」則是一種想像的犯罪行爲，其本身即是罪惡的。

這種「新聞」的解釋是非常重要的。根據這，不但可以解答公衆「需要什麼」的問題，而且可以解答以眞實或最可能獲得之眞實告訴公衆的更重要萬分的問題。有的報紙對於事實眞相輕描淡寫，或加以隱瞞，也有的報紙故意誇張，加以驚人的標題或評論，這是同樣可以詆議的。要在顧到公衆利益，與僅如娼妓之媚客，儘量迎合低級趣味之間，保持其平衡，則非有堅實與健旺之新聞記者頭腦不可。最好的新聞記者便是能把握這種平衡的人，但應有一種傾向，即與其少供給新聞，總不如多供給新聞，美國最大的報紙「紐約時報」有一句至上的箴言：「刊載所有宜於刊載之新聞」，能眞正辨別何者宜刊載，何者不宜刊載，便是健全與不健全的新聞事業之分野。

★　★　★　★

就是健全的新聞，也得以動人的方式出之。幾年前有人請我去出席一個講演會，向一羣熱心的男男女女講演報紙在促進國際和平中的任務。這原來是一個會議，由非常宗教性的人士主持，會議完畢以後，便請我講演。會議的主持人很失望，因爲會議情形，報紙上一點都不曾登載。理由很顯明，因爲這會議充滿着一種虔誠的沉悶空氣。與會的人神氣也很慘淡。主席介紹我的時候說我是一個「有理想的新聞記者」。他可用一種神聖的口吻說：「一個有理想的新聞記者是一種無比的幸福，一個沒有理想的新聞記者是罪惡的。」

聽衆熱烈地喝采。於是我開頭便說，我同意主席的一句話，即「無比的」的一句，因爲一個有理想的新聞記者，當消息不絕而來，而印刷房已嫌太多的時候，他就要在編輯室裏展覽其理想，實在是無比的討厭。

聽衆聽了不免一嚇，於是我又接着說，如果他們會議的情形，報紙上一點也不登，那是參加會議的人已犯了沉悶之過的緣故。我要他們記着，如果他們想報紙支持他們崇高的理想，那末他們便應該做一點或說一點値得報道的東西——一些新的，深刻的，動人的，特別的東西。我告訴他們，他們在討論着怎樣消滅戰爭，但戰爭是一件非常危險，熱烈而有趣的事，他們贊成和平，但他們不曾指出和平也同樣是一件非常危險，熱烈而有趣的事。我說他們會議的消息要報紙登載，報紙便得犧牲幾鎊一吋的廣告地位，我又鄭重地要求他們想一想，他們在會議中所說的，是否眞的值幾個金鎊一時的地位。

我雖然說了這一番老面皮的話，也許因爲我說了這一番老面皮的話，全場的聽衆都聚精會神地聽着我說。以後聽衆熱烈討論。最後我聽見一位虔誠的太太對一位教士說：「這番話眞夠驚人，但這次會議是我們開會以來最有趣的一次。」各報明日全文刊載。

我的話雖然說得粗俗一點，但是眞話，有許多新聞記者是無可救藥的理想主義者。他們必得這樣做。他們工作的條件時常是艱苦的，工作是永遠完不了的。他們一例是沒有商業頭腦的，不管別人在他們的身上取得多少利潤。油墨的氣息，在他們聞起來，也許比高貴的香水還可愛，看見一張小樣打上來，足使他們忘記自己也是小樣那麼被打着的奴隸。他們聯合起來，也許可以要求減少工作時間，或是鞏固其非常不鞏固的職位。也許有一天他們會發現像一羣羊似地被一個老闆賣給另一個老闆，而新的老闆爲了節省開支的緣故，也許會辭退服務多年的職員，那些職員因爲住得久了，習慣了，明知這裏容不得他，自有別的報紙容得他，可是他們覺得實在不容易適應一個新環境。

這是報業生活上的幾個缺陷。也是報業的幾種冒險，這種冒險無法取消或是大爲減少，否則勢必損害一個好記者和一張好報紙所恃以爲生的冒險的精神。「報業」決不能同時是一種自由職業，和一種可以蔽身的企業。新聞記者的職位決不能像公務員那樣地牢固，否則便不能根據良心，根據理想，爲了公衆利益，而自由地思想和自由地發表意見了。他們必需履險若夷，自己把握自己的職業生命。否則他們便不能眞正爲公衆服務。

★ ★ ★ ★

假如這是工作的新聞記者的遭遇，那末僱用他們的報紙老闆又怎樣呢？我相信，正像眞正的新聞記者一樣，好的報紙老闆是生就的，而不是造就的。最偉大的報紙老闆無疑地是天才。「泰晤士報」的華德第二(John Walter II)，「紐約世界報」的普列賚(Joseph Pulitzer)，「紐約時報」的奧希斯 (Adolph Ochs)，「每日電聞報」的本漢爵士一世 (The First Lord Burnham)，「每日郵報」與「泰晤士報」(歷十五個月)的北巖爵士(Lord Northcliffe)都與生俱有從事新聞事業的若干特殊本領。關於當代的報紙老闆，我不便說，因爲易於招怨。但我敢說，他們並不是都有同樣的本領的，雖然有幾個也許有這樣的本領。可是他們現在都得面對一種環境，即不論其願意與否，「新聞自由」與報業本身都已站在非常危險的地位。

主要的危險是公衆也許會不再信仰報紙是一種自由的事業。最近有所謂個人的「新聞通訊」興起，其目的在報道日報所扣住或漠視的新聞，這便是公衆對於報紙漸失信心的一種徵象。如果倫敦報界的厄運尙不及紐約的報界之甚——由於報紙的失敗和合併，現在紐約負責的晨報減少到祇有兩張了——那末至少英國也像美國一樣，受着同樣勢力的襲擊。這種勢力勢必限制了傳佈新聞的途徑。一個大城市裏的市民祇有兩張報紙可供選擇，其新聞及評論之種類與充分當然不及有五六張獨立報紙競爭的時候。這樣，公衆自由的一面便被減少了。因此一家歷史悠久的報紙停刊了，或是被另一經濟背景雄厚的報紙，或是被另一家在有力而富裕的「報業組合」支持下的報紙所合併，就如不久前「晨報」之爲「每日電聞」所合併，我們決不能漠視。這不但是一個民意機關的消滅，還要防到合併的一家報紙或是「報業組合」，其股份盡在純粹商業化的投資者手中；他們對於「報業」所關心的祇不過是每年能分別多少利潤而已。於是「新聞自由」的最嚴重的問題便發生了：自由的報紙決不可商業化，但商業利益必然侵害新聞自由，在兩者之間，如何可以保證相當的平衡？

由於近代報紙出版成本的浩大，這問題更難解決了。數十年前洛斯勃萊爵士(Lord Rosebery)曾經提出過這個問題。他說在理論上，固然任何人可以辦一張報紙，以與現有的報紙競爭，但辦報所需的資本極大，冒險太大，幾乎是令人不敢嘗試的。因此現存各報可以說有效地獨佔了「言論機關」——這情形可能危害社會，除非辦報的人不像普通商人，而有爲公衆的心，有對公衆幸福負責的心。

洛斯勃萊提出這問題以後，時至今日，其嚴重性未嘗減少。報紙集中在少數人手中——但不曾使現存各報更有獨立性。固然有幾張報紙銷路大增，但最大的勢力並不常由銷路最大的報紙所握。報紙老闆和報紙編輯迎合各階層讀者的胃口，銷路也許可以增加起來。他們爲了銷路，可以做到中立性，無色彩，對於重要問題採取騎牆態度，但對缺乏一般意義的事件則着意誇張，以免沉悶。銷路較小，而有堅定與開明政策的報紙確能影響少數知識分子，這少數知識分子的意見能左右缺乏思想的大多數人的意見。但這種報紙，便有幾張在爲生存而苦鬥，縱然苦鬥而得存在，亦不足以解決自由社會所面臨的問題，因爲大部分的言論機關已由少數富有的報業公司所控制了。

以今日的情形來看，報紙影響之爲好爲惡，需視擁有報紙或控制報紙者之品格而定，這種情形，一天比一天顯著。假如他們爲公之心甚強，則足以有大功於社會。假如他們僅爲賺錢，甚至剛愎如獨夫，則可能爲害甚鉅。假如他們本身是眞正的新聞記者（最好的辦報的人本身便是新聞記者，過去如此，於今亦然），那末他們的一舉一動，必有分寸，目的在教育公衆，而非指揮公衆。他們能虛懷若谷，尊重輿論。他們知道他們的企業是商業性質，但他們也知道其中有若干條件並不是商業化的，以暫時言，甚至是反商業化的。據筆者所知，開明的報紙老闆甚至肯有意犧牲廣告的收入，給盛氣淩人的廣告客戶以一個教訓，同時警告編輯部同人，不要僅爲商業的考慮而屈服。可是也有一些自稱爲志行高尚，見地獨立的報紙，掌握在專向客戶低頭，而堅持其編輯方針應該討好客戶的人的手裏。這種有良心和無良心的問題，是報紙讀者所萬萬想不到的。

★　★　★　★

對於正直的報紙老闆和記者，新聞自由的問題永遠便是在公衆服務與經濟獨立之間尋求相當的平衡的問題，在這種尋求之中，便得仔細研究宣傳技術的問題。編輯部和廣告部人員都得研究報上那一個地位最引人注意，讀者的眼光轉向那裏，最動人的消息應該刊在那裏，標題和本文應該用什麽號頭字，評論應該用什麽號頭字。上半張報紙是留着刊載重要消息的，因爲讀者的眼光自然會向着上面，自然會向着右面，因此報頭右邊的一方地位是最佳的廣告地位，有的報紙常把重要的新聞刊在左上端，因爲他們知道讀者是會在左上端找重要新聞的。但聰明的報人常會改變「版式」，而使讀者有「活潑」之感，以免「老樣子」。有價值的新聞，如果編排沒有變化，便可能被「埋沒」，忙的讀者不高興自己去「發掘」新聞，只願意被適當的編排形式所吸引。

在這範圍以內，決定報紙編排與作風的，便是發行和廣告的競爭問題。這種競爭可能永遠繼續下去，除非由報紙老闆和新聞記者自己來限制。一般地說，讀者對於編排形式是不大注意的，他們祇要迅速地讀到新聞和評論，漏脫新聞遲報新聞，或是發表違反衆意的評論，這樣的報紙，他們自然不取。一張報紙要優於讀者是一件難事。

★ ★ ★ ★

近年來有一種風氣，便是以與新聞本身絕無關係的方法來推廣銷路，譬如替定戶保險和開獎等等藉以增加銷數，再藉以提高廣告刊費。這種風氣也足以損害報紙的地位與影響。這種方法，以新聞言，是全無價值，至多不過多找幾個所謂「登記讀者」，而讀者的目的無非貪保險的利益，或是多買幾份報去，專剪贈劵，初非爲了讀報。在這種情形下，廣告客戶實在收不到預期的效力。

還有一種吸引讀者的不正當的手段，便是刊載所謂「噱頭新聞」，無非想以冒充的獨特新聞或重要新聞來欺騙讀者，而這種驚人事件事實上祇是記者的想像之辭。這與健全的新聞事業精神相違背。每一個記者都知道「獨特」新聞的價值。消息比人快或是比人充分的報紙，銷路自然會增加。人們會以此爲談資。讀別種報的人會感到被侮，而願改買這成功的報紙。管理良好的報紙願意化大錢，千方百計，尋求重要事件的獨特新聞。目前通訊社的新聞稿極多，編輯所能採用的祇是二分之一或三分之一。所以編輯的初步工作便是選擇和緊縮的工作，設法留下地位，登獨特的新聞。假如各報紙刊載通訊社所供給它們的新聞，那末讀者也無需捨此而就彼了。

因此一張成功的報紙，不論新聞與評論，都得有其獨特之處，近代新聞業有一種傾向，便是不顧一切，祇求獨特，甚至赴湯蹈火，尋求獨特新聞，這種傾向已有好多人議論過了。但這種傾向的原意是健全的，卽消息比別人靈通的報紙，讀者便會認爲這家報紙是組織更好的報紙，因此也是更能幹的報紙，也因此便是更值得讀的報紙。結果便會正常地增加銷數，從而增加廣告收入。這些並不僅是偶然的事，而與新聞自由有重大關係。「噱頭」和假「獨特新聞」之本身所以爲不道德和違反新聞精神，便是如此。

★　★　★　★

同樣有害於良好的新聞事業的，是另一種報紙，它們不喜「噱頭」和噱頭主義，甚至想像讀者讀報時，覺得天下太平，讀者便心安理得了。這種報紙故意把新聞輕描淡寫，甚至處理重要新聞，也以不足重視的新聞處之。它們似乎祇供少數年老的和「非常高貴」的人們閱讀，這種人一生祇讀一張乏味的報紙，而永遠信任它，因爲它不大攪亂他們的頭腦。這種讀者隨時在死去，而乏人塡補。這種乏味的報紙銷路終於跌下來了，一張報紙銷路大跌之後，再要引起讀者的注意，這是新聞事業上最難的一件事。這不但由於新讀者之難得，而且讀者之間有了這一批「老朽分子」，害得編輯忘記了時代。他們慣以爲自己的報紙在本質上「優於」他報，而不自覺地自以爲是「優等的新聞記者」。那裏知道漏登新聞或遲登新聞，編排浪費地位，評論慣於裁判式，或作閃爍語，而不予讀者以明白肯定的意見，縱然是最好的報紙，也不成其爲最好的報紙了。

報業也像其他的企業一樣，有生氣才能蓬勃。必需不斷地以革新對付停滯與衰頹。爲了適應羣衆心理，報紙必需時常要求新的見解與新的血液。有幾個老人已與年青的一代失去聯絡，不知道他們從前所歡喜的已非今日青年之所歡喜。除了極少數人以外，這些人不願冒險，試走未開闢的路徑。這些人也許是一張報紙生命中的一種可貴的因素和持久的力量，但不能予報紙以新的生命。這不是一種舊瓶裝新酒的問題，而是將新酒與舊瓶恰當地配合之謂，但這過程僅僅靑年人來完成是不夠的，這必需由頭腦新鮮而決不漄純的老人來完成的這些人才是報紙之寶。他們揉和了經驗與熱心，使報紙「富有生氣」。

報紙人員之必需保持活潑，不但爲出版一張好報紙所必要，而且亦爲探索羣衆心理變化所必要。電影活動照相機發明後，報業方面便發生一次革命，各報必得刊載「圖片」，減少文字的地位，以應讀者對於圖畫的要求。我們已經發現女人對圖畫特别愛好，不是定着所謂「畫報」，便將報紙裏的畫頁保存起來。廣告客戶們立刻發現了這一點，他們知道家庭日用品的主要顧客是婦女，因此附有畫報的報紙登了廣告最有效力。就是最穩健的報紙，在婦女讀者與廣告捐客的雙重壓力之下，也不得不刊載圖畫了。

自一九一六年起至一九二二年，英國報紙上有一個顯著現象，卽報紙上的文章漸漸地短起來，以前登着長篇累牘的記載，現在代之以簡訊或短訊了。這種簡寫或縮寫方式，一部分也許由於戰時紙價高漲因而減少篇幅之故，主要還是由於讀者注意力的衰退。故北巖爵士精通普通人的心理，他在一九一七年向「每日郵報」編輯部下令，任何文章字數不得超過三百，他自己還寫了不少緊縮的短文，用以示範。要寫這種文章，決非小技，作者必需全神貫注，儘力緊縮。要下筆千言固然容易，但要把原來寫一千字以上的文章，現在用三百字寫出來，却不是那末容易了。

把報紙上的文章縮短到這程度爲止，是並無害處的。但短文如果僅屬「急就」，那末這祇能適應一種幾乎病態的羣衆心理。精神上的「急就」決非教育，羣衆要有健全的判斷，決無捷徑可尋。有時我想歐洲若干國家建立獨裁制度，一部分未始非由於各該國人民易於接受命令與口號之故，因爲他們已失去了持久注意的能力，對於事物已覺無法自求解決。因此，也許連他們的觀念都是不連貫的。

★ ★ ★ ★

六十年前，編輯和其他的新聞記者都有思索的餘裕。日報的出版過程是很從容的。傍晚，晚上，大部分的夜裏時間，都可以應用。電訊是比較少的，電話是沒有的，通訊社還祇在萌芽時期。銷路的單位是十份廿份，而現在是上千份上萬份、有幾家全國性的日報甚至要到上午五六點鐘才上印刷架子。據筆者所知，那時有一家報紙的編輯部人員「必需在上午二時四十五分以前脫稿」。他們的「稿子」寫好以後，便送到排字房去，用手排字，然後初校二校。最後的清樣校好，機器開始動，編輯們才回家，那時已是白天了。

這情形現在是完全改變了，明天的報紙必需在今天中午以後立刻準備就緒。銷路較大的報紙必需在下午九時或十時先印外埠版，銷路較小的報紙也不能遲於夜半。那時還有好多頁要發稿，但必需要的稿子未必能在下午七八點鐘以前就交來。因此原來可以延長到八九小時的工作，不得不擠在兩三小時內完畢。打字機代替了鋼筆。外面來的消息常由打字員速記下來，然後編輯，藉空氣管送到排字房，由排版機拚版。校對的工作，拚版的工作，是非常緊張的。甚至有錯誤，也得在預定時間上架子印刷。略一遲延，火車報便會脫班，而外埠讀者便會買別種報紙。所謂「稿擠」一辭，在投稿者看來，一定是編者的託辭，其實是事實，有時竟會是可怕的事實，有時排字房會在上架子的一兩小時以前告訴編輯，某一版上已多了兩三欄了，那時要決定不登或是删節某一個消息或一篇描寫性的文章，倒不是難事。難的倒是删節社論，譬如某一篇社論，寫的時候是仔細考慮過的，可是在上架子五分鐘以前，忽然發現長了三四吋地位，那時要删節這篇社論，一方面要扣準地位，一方面又不能使文氣斷，或是使拚版發生困難，這確實是非常緊張的事。在這情形之下，便需要熟練的編輯眼光，能夠一望而知，那裏一段可以删去，而又能扣準地位。這樣緊張的事雖有強健的神經，豐富的經驗，也不容易辦到，因此到了明天，寫評論的人也許會悠然地說，昨天的評論這樣删節，並不妥當，那時編者祇能對他苦笑了。

無疑地，評論的素質由於近代報紙的步子而受了影響。考慮重要新聞的時間減少了。電話傳達新聞是隨時會來的，全世界的主要城市都有電話通着了。時間距離的因素是幾乎消滅了。祇要幾分鐘時間，重要的新聞便能傳達到全世界。新聞從某一中心傳到另一中心，然後傳到每一家設備完善的報館裏。處置這一大串新聞的編輯必需迅速理會其重要性，同時還得拿資料室裏保藏完善，各編號目的資料來做參考，然後編成新聞。近代新聞編輯的速率對於老一代的新聞記者簡直是夢魔一般。

在這情形之下，思索的時間不多。評論暫缺一天吧，這總不是好事，因爲評論也許與新聞有關，或是已在新聞標題裏提到過了。讀者希望讀到論述當天新聞的評論，遲了一天呢，明天的局勢也許又變了。評論是必需立刻寫起來的，不容稍緩。這樣的緊張工作，一件接着一件，一直到報印出來爲止。

這樣的工作如果祇要機器便能完成，那末這成就眞的是可驚了。貴重的，複雜的印刷機器在數小時內印就數百萬份報，這是聰明的成就，但它們還需要人的頭腦，而頭腦的效率又不能低於機器。一時報紙的編輯人員，尤其是負責的編輯，如果沒有廣博的知識，迅速的理解，和成熟的判斷，那末他們決不能像過去的較好的報紙那樣，予近代的報紙以教育的價值，「發生突然的事，不要說什麼，如果一定要說，說些空言便罷！」這似乎是目前不少報紙的箴言。可是能了解公衆需要的頭腦銳利的人，發爲迅速有力的評論，於公衆甚有價值。有一等記者，在決定主意以前，必先等候官方的指示，或是料定官方必將採取何種行動，趕快在評論中建議以邀功，這都不足言保衛國家的良心。這樣的報紙便不能維持其權威。

★　★　★　★

「報紙的權威」究竟在那裏呢？十多年前有一個人，本來是一個印刷工頭，這是他與報業發生關係之始，後來把他在某大通俗報紙的股份賣去，得了不少錢，於是當起國會議員來，他率直地說：所謂「報紙的權威」是一個謎。他說：「當我在艦隊街的時候，報紙上常有「貝爾福應該辭職」，「哀斯奎斯應該辭職」，「格萊應該辭職」的文章，可是他們沒有一個眞的走了的。因此我知道報紙實在並無權威。現在我當了國會議員，我看見內閣大人和政客們天天在怕報紙。那裏知道報紙的「權威」是一句空話呀。」

這位自作聰明的朋友，當他在報界的時候，的確幫着報業成了一種「工業」。後來他發了財，便以爲報業與其他工業並沒有兩樣。關於報業和其他工業的不同，倫敦某報的總編輯曾在一九三七年十月說過，「一張報紙，不論其銷數如何大，但要將它的意見叫讀者接受，這權力是非常有限的，」可是同時，「在目前，各報成了全國最重要的讀物，思之令人快慰。」這句話不會承認，報紙以道德價值爲業，其權威亦來自道德價值，甚至利用道德價值牟利時亦然。

正因爲如此，所謂報「業」尚有容留理想主義活動的餘地，大多數的新聞記者所以仍願致力於此，又有不少記者雖遭挫折與失望而仍依依不捨，亦無非爲了理想。

以個人而言，這些記者雖然厄於機器設備與資力，但他們畢竟是報業廣大上層建築的寄託者。新聞記者的地位常是不合理的。譬如受過大學教育的人，其待遇反而不及祇要在鑄字機上按鍵子的排字工人；一個編輯所入，常萬不及營業部的經理或是一個成功的廣告員，但缺了能幹的編輯部人員，報紙的營業部和印刷部還有什麽用？報「業」如能不用編輯，那該是高興的事了，可是辦不到。眞正的新聞記者知道他是這整個「事業」的基礎與動力。

★　★　★　★

此外尚有若干困難的問題必需解答。報業既然工業化了，新聞記者還能本着原意工作嗎？譬如讀者倒並不願意追隨他們的主義與理想，那末他們的理想還有發展的機會嗎？又譬如老闆強要他們供給「賣得起」的材料，他們能威武不屈嗎？缺乏教育價值的報紙倒有最大的銷路，最豐富的廣告收入，他們眼看到這一事實，能不隨波逐流嗎？人總是人，他們能不爲衣食打算嗎？

外國政府常願以鉅款供給英國記者，想他替他們說些好話，可是英國記者是不受賄賂的，英國雖有不少通俗報紙祇圖「迎合」廣告客戶的胃口，以辦報娛人，而非教育，但大多數的記者寧願孤勞自賞，不甘自趨下流。記者固然如此，但報紙的老闆也能有這樣的節操嗎？

既然啤酒店發了財可以晉陞爲貴族，那末辦報發了財也可以晉陞爲貴族嗎？要回答這個問題，最好還是考慮釀造啤酒和出售新聞意見，兩者之間有否區別？我想是有區別的，「商界」的權威和「報界」的權威，其區分也在這裏，賣啤酒給人民喝，也許是有功的，而以此功績（對某一政黨作公開的或私人的捐贈）得入貴族院，但他們對於公衆思想之健康，却沒報紙的貢獻那麼大。報紙除了忠於最高的公衆利益以外，不能再負其他任何義務，才能完成其受命於公衆的責任。一旦接受「榮譽」，報紙的老闆便對某政黨或某政府負有一種義務，則其言論自由勢必受了限制。

有人以爲頒賜這種「榮譽」，是承認報紙爲國家之柱石。但這種議論有兩方面可說。譬如說報紙既然是可敬的事業，那末又何需他人承認？這不是自蒙沾辱嗎？據我個人見解，新聞記者而接受官方的「榮譽」是錯誤的，報紙老闆除受命於公衆的良心外，尙有其他企圖，則爲錯中之大錯，這見解當然便是十九世紀最能幹的報紙老闆和報紙經理約翰・筆脫第二的見解。至於哀爾弗萊特・哈姆斯華斯（Alfred Harmsworth）雖然爲天才記者，但後來爲了虛榮或是社會野心之故，竟成了北巖爵士（Lord Northcliffe），於是失去其自由與尊嚴。這種惡例一開，便爲不如北巖者所效法。北巖晚年自己也承認他的錯誤。

★　★　★　★

報紙如能保持政治的自由，則讀者本身有時也能起而爲報紙維持自由。因爲新的一代在起來，這一代由於學校設備的完善，和無線電廣播的發明，知識較博。李凡（Joseph Moses Levy）曾在一八五〇年至一八七五年間，爲中產階級辦一辦士報「每日電訊」（Daily Telegraph），哈姆斯華斯則在十九世紀末葉辦半辦士「每日郵報」（Daily Mail），都代表一種獨立的頭腦，也爲後來的天才記者闢一新途徑。

在一八九〇年後，哈姆斯華斯看到郡會學校正在造就一批有力的報紙新讀者，這一個階層希望讀一種較當時一辦士更廉的報紙，於是他創辦「每日郵報」，每份半辦士，雖然不能做到「紳士出，紳士看」，但至少不曾「僕歐出，僕歐看」。這是一張故意使它「通俗」的報紙，雖然外間盛傳這張報紙蝕了不少錢，但事實上是開頭便成功的。該報在正式發刊以前，曾多次試報。因此一出便能勇往直前，在別人能模仿它，跟它競爭以前，它的地位已很鞏固而決不會被競爭所損害了。

當然，哈姆斯華斯的事業後來有人模仿。有幾個也是成功的，但半辨士報一成功，便使原有的一辨士報，大都不得不起而模仿與減價。史班特(J. A. Spender)是當代最著名和受人尊敬的記者之一，幾年前他在「生活，新聞業與政治」一書中說過，哈姆斯華斯是「非常重要的人物，不論別人怎樣避免這事實。他和他的模仿者較英國所有的教育大臣拼起來，還能影響公衆的頭腦，摧毀了舊有的政治，消滅了舊有的新聞記者的，他的力量最大。史氏又說北巖爵士從來不曾犯了他的若干繼起者所犯的錯誤——即視新聞事業或「報紙工業」根本爲一賺錢的事業。史班特又寫道：「雖然金錢源源而來，他（北巖）却一點也不銅臭。他幼年貧塞，一向是說到就做，似乎早就打定主意，他必先爲他和他的家庭，把幸福的障礙除了。除此以外，金錢對於他正如對於羅地斯（Cecil Rhodes）一樣，不過是獲得權力的一種工具，在任何普通的人事關係中，他是一點也沒有銅臭味的。……他最能揣度人的心理，而成爲羣衆心理的最優秀的專家。」

英國報業的將來也許會由第二個「羣衆心理的最優秀的專家」來決定，他足以建立和控制一張報紙。今日青年的主要興趣和「每日郵報」創刊時不同。交通工具是更迅速了，讀和聽的慾求是減少了，做的慾求是增加了。不論是熱烈的動作，還是無日的動作，都較沉思為人所喜。社會習俗不再以其僅為傳統性質而加以尊重。可以代表一種求知慾的好奇心是強烈的，而好奇心初不限於物質事件。以前的許多科學的「當然」已讓給科學的懷疑。物質宇宙的本身現在也認其為非物質與神祕的了。

★　★　★　★

明日的成功的新聞記者也許便是能夠揣摩此種「羣衆頭腦」的男男女女，他們要指導羣衆，而不想繩人於法，或是強人接受。報紙如能領導，必先追隨。總之，它必需與讀者並肩而進，亦步亦趨。太跑在讀者的前面，將與讀者失去聯絡。明日的理想記者必需參透古今哲人的智慧，融化科學家，工程師，和政治經濟學者的知識，一切納之於胸臆，然後視成千成萬讀者之所能消化而給予之。報紙太跑在讀者前頭果然是錯誤，但以為羣衆必能追隨迎合其心理之人，則尤錯上加錯。羣衆希望他們所追隨的人，是知道何處去與如何去的人。羣衆最希望領導他們的人以事實證明其不誤。領導錯誤的人，或是在重要關頭不予指點的人、羣衆是決不輕易寬恕的。

果然有一種報紙是高級的，嚴肅的，讀者對象極狹，它祇能影響公職人員，而由公職人員再影響公衆。這樣的報紙也許有幾張會存在，祇要它們能以眞正的記者精神來編輯和管理，祇要它們所載新聞和見解的素質能使它們在本身範圍內抵抗得住較爲價廉與較爲通俗的紙報。但如果陷於沉悶的罪惡，如果自以爲高尙，而與健全的羣衆心理失去聯絡，則此種報紙必然會衰落，而變成少數階級的附屬品。它們要想存在下去，虎虎有生氣，那末必得以優於他人的成績來證明它們的高級，不論在新聞上，見解上，都得較通俗報紙高出一籌。這樣它們才能提高報紙的身份。

蕭伯納曾寫出過幾個新聞學的有趣的眞理。他說，「人們所忍受不了的是說了一大套，結果是無話可說，譬如愚人的演說，妄人的高論，狂人的長篇理論。人們寧可讀些零碎的雋語，因爲雋語總是比較好的。讓拿得出眞東西的人出來吧，公衆對於眞東西是求之無休日的。」

所謂「眞東西」是什麽呢？顯然地，這是人們所認爲重要的，能影響他們生活的，能增長他們知識經驗的東西。「拿出眞東西來」是編輯的眞正工作，可是，正如蕭伯納所說，「能幹的編輯是非常少的。」因爲他們必需有「充分的文學才幹，故意選擇新聞學，而非以文學作爲職業。」他繼續說：

「譬如像那些日報，你們看，他們的公事房簡直是牢監，在那裏，最聰明的編輯也立刻會失去與外界的聯絡，不論政治集會，科學演講，音樂會都割分了，甚至在工作時間內要赴宴也不可能。一張日報每個編輯應有三人輪流，每人輪着一天，休息兩天。目前的報紙落後二十年，因爲編輯們都變成了隱士。就是看守燈塔的人，祗要有一具收音機，也比他們多知道一點世事。」

在某種限度以內，這幾句話是很不錯的——雖然蕭氏的「三人制」跟他在前面所說的「能幹的編輯非常少」一語不能符合。同時有一點是確實的，卽許多報館，編輯術的理論與實踐是整整地落後了二十年。新聞記者大都想當編輯，因爲編輯這一頭銜依然有它的魔力，以爲一當編輯，便能製定一張大報的政策，指導人民的思想。六七十年以前，報紙可以遲至上午五六時才印，編輯們跟政治家，權貴們晚餐以後，頗有思索的餘裕，那時的社論才眞能影響時事。可是在今天，一個編輯如果要掌最高的權威，對於任何時事，都得他來作最後決定，他便不得不在一個匆促的下午或晚上作一百次的決定，而且要迅速決定。爲了必需親自決定一切，他必得時時在場。否則便得由他的助手們來決定，而助手們的手裏沒有全部線索，或是確不定編輯的主意。報紙上的材料一排了出來，打了校樣出來，便不能再編了。材料必需在排字工人動手之前先加編輯，也卽是思考和計劃。否則材料便會失去統一，聯繫與緊湊。編輯而欲控制其報紙，便非做「坐牢的人」不可。

有幾個報紙老闆看到這一點，而想自己來控制報紙，於是設法減少編輯的作用，把名義上的編輯當作傀儡。這是一種短視的政策。報紙老闆決不會有時間和能力担任一個編輯的技術工作，他們也不能經常在場，保存報紙的統一。他們可以委任「日間編輯」，「新聞編輯」，「國際編輯」，「圖畫編輯」，和「金融編輯」，負責各個部分，而由總編輯來儘量調配他們的工作。但總編輯如果祇想來宰制他們，或是做獨裁君主，那末反而阻礙工作的進行，而足以破壞報紙的生氣。由於近代新聞事業的迅速與複雜，編輯獨裁一點已成了時代的錯誤。

但有效的編輯術對於一張報紙關係還是重大。編輯的作用已不在以一人的觀念強其屬下接受，而在領導一羣同志。一個編輯的工作是供給他們同人以觀念，同時觸發他們的觀念。他也許先得與老闆談論，然後決定其報紙之政策，然後講述給他的主要助手們聽，使他們懂得而願意接受。責任由他負，但也由他來統率所屬執行之。一張大報的編輯，有人比之爲軍縱作戰時之指揮官。這是對的。每人都得知道他的職責所在，隨時準備，一聲令下，便隨時可以執行。那一張報編輯領導得法，政策一致，那一張報各自爲政，偶然由主筆或老闆加以干涉，在內行是一眼便看得出來的。

報紙的政策應該怎樣決定呢？是否以形勢的轉變而定呢？爲了怕與原定的政策衝突而删節新聞或棄置新聞，新聞學上還有比這個更大的陋習嗎？編輯的眞正品格便在這裏開始。廣泛地說，一個編輯應該預先看得見新聞，這便是說，應該看得見什麽是新聞。他的眼光應該是世界性的，他的決定應該顧到大部分可能發生的事。國內外的記者如能知道他頭腦清醒，預見新聞之發生，那末他們便會予以適時的報道。因此這些人的報告一來，他們有處置的準備。報紙的讀者立刻便會知道他的指導有沒有錯，不論讀者對於報紙的判斷是否疑問，不論讀者對於報紙的言論是否認爲怪異，祇要結果證明無訛，讀者便會信仰這報紙，承認它的知識廣博。所謂編報猶如治國，政策的眞義，便是知識上的預見。

這是一種最高的技能，即所謂「新聞鼻子」，缺少「新聞鼻子」，沒有一個編輯，沒有一個記者能有永遠的成就。這種天才究竟是什麽東西，這很難說。一部分是直覺。一部分是觀察能力強於一般人，但據筆者所知，任何記者必經長時間的工作與留意末節，始能發展此種天才至相當程度。採訪新聞的藝術便在對廣大的事物能有持久的興趣。僅僅要求新聞的人不大會得到新聞。新聞是必需以工作去找的。一個駐外記者如果祇靠當地報紙上得來一點消息，或是當地的官吏，使節，政治家能告訴他一點東西，那末他便會發現自己大爲落後的。他對於當地的歷史，人事都得較當地人更有密切的研究，他才能對希望從他們那裏獲得新聞的當地人供給消息或是良好的勸告，他應該隨時隨地與當地人合作，不要專向他們探取「獨特消息」，對於足以影響他們和他們國家的消息，要跟當地人同樣有新聞的責任感。這樣消息才會不自覺的源源而來，因爲他對發生新聞的環境已有深切的研究，對於供給新聞的人，已獲得其信心。

每一個好記者的本身都是一個好編輯。他搜集，檢討，揀擇事實和可能發生的事，而加以判斷。而每一個好編輯便是讀者的精神與道德幸福的受託者。他應該知道什麼消息可以發表，什麼消息應當扣住，爲了公衆的幸福，所有確定了的事實，應該發表到如何爲度，發表消息，應該謹愼到如何爲度。他應該有一點先驅者的本領，政治家的本領，作家的本領，先知者的本領，和商人的本領，根據他自己的或是他所能立刻查詢的人的廣博的知識，來應用這些本領。

要具有這樣的才能，同時能領導一羣新聞記者，這樣的人當然不多，在此近代新聞出版業的匆促與擾嚷之中，這樣的人也自然一天天少起來。但這樣的人還是有的，祇要具有初步的興趣，再加上新聞學的訓練，便能造就這樣的人才。所謂初步的興趣，也許僅是對公益的熱情，或是愛好緊張生活，或是富有好奇心，想知道事件的眞相及其發生的原因。沒有幾分熱情，雖爲報人，亦非記者，再也不能當編輯。他選取新聞事業爲職業，因爲祇有新聞事業才使他能有迅速的喜悅，完全的成功感，和在適當時機，爲了某一好主義，予以適切的一擊，這在別的事業是做不到的。

★ ★ ★ ★

新聞事業對於報人的誘惑力便在於此。十九世記最著名的新聞記者彭奈斯（Thomas Barnes）和同爲「泰晤士報」創辦人的華脫二世這一點了解得很淸楚。他是「泰晤士報」最初的也是最偉大的編輯。他專心一意辦報，他的人格感化到報社的各部分。他是故意選擇新聞業，而非文學，作職業的人。正如「泰晤士報史」的作者所說，彭氏「願全部委身於最艱苦的新聞事業，預備放棄文學史上的地位，來使「泰晤士報」成爲報中之王。他的成就與當時的許多文學鉅著有同樣的價値，但沒有人替他寫回憶錄……但卽以彭氏的文學成就而言，他也應該爲後人在紀念……在文學上的損失便是在「泰晤士報」上的收穫……環境需要一個有勇氣，有才幹，有毅力，有政策的人。」而彭奈斯便是這樣的人。在一八三五年以後的數年間，政客們時常指責「泰晤士報，說它橫暴，得罪人，和專制。」關於這，「泰晤士報史」的作者這樣答覆：

它的作風當然是有力的，也時常是故意的。文學的有力與得罪人是經過計算的，巧妙地應用強烈的文學是彭奈斯新聞觀念的要義之一。有一個記者寄給他幾篇文章，他說「文章是好的，但還需要一點潑刺。」

彭奈斯解釋道：報紙的寫作有獨特的風格，這風格在文學上，猶如酒中的白蘭地。英國人的理解是遲鈍的——我指大部份的讀者而言——他們需要強烈的刺激。他吃了牛肉，不加一點酒，是消化不了的，他會抱着他的偏見安然入睡，因爲他自大，以爲這種偏見便是輿論，他的頭腦封鎖嚴密，你必得向他發射十磅大砲彈，他才能理解你的意義，或是對於你的作爲，略加一瞬。

他自己便善於將手頭的材料加「一點潑刺」進去。……彭奈斯最大的天才之一，是能把本身並無足取的文章配合公衆的胃口，他善於加入一種精神，一種力量，使之具有一種原來所不能產生的效力。因為他不像「金融報」的許多作者一樣，他是一個新聞記者。……至於它的社論，那末在此國會危急時期頗有一些「潑刺」的：「泰晤士報」的十磅重砲彈替它贏得了「雷神」的綽號。

現在我們知道報紙權威的秘密了，原來這權威是從無所忌憚地為公衆服務而來：「彭奈斯是一個新聞記者」。他既不願抹殺不受人歡迎的消息，也不願在應該發為率直強硬的評論時改為頌揚。他所編的報紙是完全統一的。這是「清一色」的。

報紙能在自由的社會裏，完成其輿論的功用，保護公衆良心的責任，那末這報紙便能存在，也值得存在。以企業而言，報紙可以賺錢，也可以蝕本。以職業而言，這可以是高貴的職業，也可以是卑鄙的職業。以藝術而言，它可能是最好的頭腦與人物的園地，也可能是新聞賣淫的場所。以行業而言，它可能是被人稱讚的，也可能是被人鄙夷的。以公務而言，這也許是門外漢所能進入的高貴的事，但也可能是某種弊端的護身符。但作為一個園地，可供有新聞記者才幹與不計成敗而願以此為業的人們的活動，則新聞業是獨一無二的園地。

懲誡傲者，安慰弱者，譏刺頑固分子，責斥懷疑分子，指示眞理而不懼，勸告人民，暴露奸雄，任性者予以呼叱，孱弱者予以鼓勵——總之，對於公衆生活的各方面加以正確的評論，便是報紙的任務與報紙權威的來源。報紙如與這來源割絕，便變成了僅僅一種「工業」，迎合讀者胃口，以期推廣銷路，從而增加收入，這是一種危險。使今日的報紙問題是近代民主政治的中心問題。

# 第一章　自由之價值

「觀其報，可以知其國」，是明白的眞理。我們假定這句話是對的，那末我們便要問：「我們應該有怎樣的報紙？」要囘答這問題不是容易的事。在義大利法西斯報業年鑑上，有一位義大利作家寫道：「英國如果尙有若干報紙，足可置諸世界最佳報紙之列，那末它還有一些報紙，足以稱之爲全世界，至少是全歐洲最壞的報紙。」對於這樣的判斷，我覺得無可爭辯——但有一點，卽英國最壞的報紙也不受官方的檢查與控制。英國一大地方報紙「孟却斯脫衞報」(Manchester Guardian)勇於發言，於國有益，一八五二年「泰晤士報」(The Times)關於正直的報紙的機能，曾予政治家以一個良好的敎訓，它們既享有這種自由，自不能在培養好的報紙時，同時完全排斥壞的報紙。但自由這美德竟這樣偉大，使人爲了自由的緣故，竟願容忍較爲不佳的事物嗎？當我們考慮英國報業的現狀及其前途時，自由的價值這一老問題便成了基本的問題。

每一代的人必需自己解决這問題。對於人性，哥德的一句話說得最恰當了：「祖先傳給你們的，你們如果要，便得重新去獲得。」據筆者個人所見，自由並不是絕對或是內在地靠着物質條件或是工業生產方法的。我想擁有若干私有財產的權利，和享受積極的自由之間，也確有一種微妙的關係。私有財產完全不許可，也許會使個人完全依賴於國家，而國家之當權者，決不願容忍反對他們的行動或意見，人民不滿於其命令，祇能作消極的或沉默的異議，捨此別無他法。所謂自由，從實用的觀點來看，無非是個人的發表自由，或是在自由制定的法律範圍內個人行動的自由，因此，強人緘默不啻是囚禁人的思想。

報紙，發表公開言論的自由，集會的自由，代議制，及其民主政治的其他各種特點，都包括在自由的意義之內，因為這一些便是思想發表自由的媒介。沒有異議的權利，在政治上便無自由可言。人類是不大會想到生活的基本條件的，除非這些基本條件受到了威脅，或是被否認了生存的權利。我們祖先所認為天經地義的學說，辛苦建立起來，保衛了數百年的制度，現在居然有人起來挑戰，或是要推翻它們，人們不禁要問，這究竟是怎樣發生的？人們所以要這樣問，也許是由於基本自由在歐洲和世界的廣大地域受到侵害或是否認其價值之故。我像別的許多人一樣，也想到了這些事，不論其有否價值，我總要把我所得的結論寫了下來。這於報紙的將來是有着若干關係的。

在德義兩國，自由是消滅了，報紙成了宣傳的工具，毋怪要視國家為「絕對的」了。對於自由的價值，加以深思探索，便會發現所謂絕對的自由與相對的自由之爭，但我們遲早會得到一個結論，卽人間的自由是永遠否定絕對主義的——知識的，精神的，政治的——永遠的相對主義的試驗，和永遠的適應理想於環境的過程，但我們實際的自由所依賴的環境便是社會的法律和習慣。我們的自由是受我們所有與享受的社會的存在所「限制」的。我們所謂的自由是社會的或政治的自由，而不是抽象的自由。在原始社會中，每一個人有充分的自由，每一個人也有各自的法律，但社會一天天進化，社會構成分子的自由便一天天相互依賴起來，一天天相對起來，更受環境的限制。

這種限制的自由我們可以稱之爲「客觀的」自由，因爲這是受外界條件的限制的，而與吾人個別的喜怒無關。可是另外還有一種限制的條件，我們可以稱之爲「主觀的」條件。自由的限制我們已習慣了，不再覺得討厭了。我們也不覺得我們的自由是被限制着。換句話說，我們「客觀的」自由的程度較諸我們「主觀的」感覺比較不大重要了，因爲我們主觀上感到無須違反法律與習慣的紀律。

可是我們在接受自由的要義主要是主觀的這一說以前，我們必須謹慎。否則結果我們會被環境所限制，使我們全無自由思想，自由言論，與自由行動的可能。這樣我們會喪失抵抗干涉我們身體自由的能力和意志。我們會容忍不容忍，而使我們爲有組織的暴力所威脅，這種暴力的威脅便是不容忍的行動化。因此，當我想到自由的價值時，我的第一個結論便是：我們如欲自由，便不能容忍不容忍的行爲。譬如，我們如欲有好報紙的自由，便得容忍壞報紙的存在。

這個結論又使我回到相對性的問題。第一，容忍的問題引起了絕對的與相對的實際問題。我們承認世界上沒有絕對的政治或社會眞理。不但如此，而且要求批評，要求批評的自由。現在批評的自由已成了個人自由的衞士，與知識，行爲進步的泉源。批評的自由還附帶着自由社會的另一要點：許多人，甚至大多數所認爲錯誤的意見，我們仍得容忍。我們如果認其爲錯誤而容忍之，不以暴力取締之，而願以理論與勸誘來克服它，那末我們便承認了人類的思想是可以坦白地各有不同的，限制思想，還不如讓各種思想紛設並陳，各較其短長。政治的自由並不是要各人的思想相同，而是承認各人有異議的權利，這是消極的說法，同時承認一個社會裏意見的不同，較諸意見一致，更能使生命豐富，這是積極的說法，社會的習俗法律如容人有個別思想與個人自由的餘地，這便是一個自由的社會，除非個人的自由不加限制，卽能妨礙他人享受自由，始得加以限制。個人在自由社會裏所以能自由，並不是因爲這社會的法律習慣是他所選擇之故，而是因爲他對公衆事務，像別人一樣，都可以任意發言，而仍能共同生活。

有人說，由某一個權威統治而能加其意志於人民的社會，較諸意見紛歧，而妨礙一致行動的社會爲強。這不啻說：容忍是孱弱的象徵，不容忍是力量的特質。我想這說法是錯誤的。如果世界上祇有一個政治的眞理，一個不爭的學說，那末這說法也許是對的。但事實上並沒有絕對的政治眞理，也沒有所謂絕對正確的人類的判斷，因此，要想消滅意見的歧異，或是以某一種判斷爲無可爭辯，還不如承認任何政治的眞理是相對的，而某種相對的眞理，一經衆人自由抉擇，便得承認其爲人事的圭臬。允許個人的判斷被剝奪，或是逃避人生的複雜，祇圖託庇於某種絕對的學說，因此避免自由公民的煩擾與憂慮，這種人才是弱者。政治制度的試驗在於其所培養或產生的人民爲何種型式。限制意見不同和取締批評的制度勢必產生同一典型的人民，統一人類的頭腦，束縛人類的行爲。沒有批評，文明便不能進步。社會而欲不陷於停滯，則必需容許批評的存在。

但在批評自由與行爲自由之間，必需劃上一根淸楚的界線。蕭伯納曾經巧妙地說道：「批評者不能隨便改變其社會行爲，除非他的批評已經改變了法律。」他又說：「我們的公民訓練非常不夠，我們大都以爲我們一旦改變思想，便有改變我們行爲的無限的權利，這是何等危險的事。」困難便在辨別批評家與社會罪人或瘋子間的不同，告誡自由與社會行爲自由間的不同，這種困難祇有施以自由公民的訓練，才能克服。

★ ★ ★ ★

我們必需問一問，自由的威脅爲什麼現在這樣可怕？像義大利和德國那樣的偉大民族爲什麼失去他們的自由，爲什麼他們竟以壓迫的制度爲榮呢？著名的英國官吏，包括若干大報的老闆，爲什麼低首於壓迫制度的領袖之前？忽視了他們的罪行，聽從他們的話，讚美他們的業績？

空泛地被稱爲「資本主義制度」的缺點也許能抵消其優點，也許不能抵銷其優點。但在保持代議民主制度及其附屬品言論自由的國家，「資本主義」至少仍有讓批評者自由批評它的好處。資本主義的壞處可以藉公開批評來減輕它，或是糾正它。正如我說過，批評的自由是文明社會裏自由的要件、或如英國某官吏所謂，卽是「叫政府滾蛋」的權利。沒有這種權利便不能保證個人的自由，不能保證進步，不能抵制獨裁者獨裁的奇想，不能有效地行使私人的判斷。可以通過報紙，講台，國會裏的議員，而自由發表言論的自由社會，能在更換其統治者與改變其法律時，不致引起混亂，因爲社會覺得，爲了公衆幸福計，應該有這樣的更換，可是在全能主義的國家，這樣的變動勢必附帶着暴力與混亂。據我看來，整個自由的價値問題可以分三個問題來說：作爲人類生活要素之一，自由的人格是否較由最高領袖的諭旨所塑成與形成的人格更有價值？個人的自由意志，較諸自幼卽受訓練指導，機械地服從命令的意志，是否更能增進人類的幸福？造成廣大的社會，其構成分子的頭腦都是一式的，一人令下，便如鳥獸之被驅，這對人類是否爲禍患？對知識進步是否有危險？對於我們所稱的「文明」是否爲威脅？

這是一個老問題，卽自由思想的個人頭腦，作爲人類的一種資產，較之羣衆的頭腦，或如希特勒所說的「合羣心理」，是否更有價值的問題。他把第一次大戰中英國人民的統一歸功於優越的「頭腦統一」，而當時德國人的頭腦是渙散的。但他似乎不曾了解，我們的「合羣心理」是自由社會分子在自己的自由危急時發乎自主的合作，或是在此危機存在之日，故意放棄其辛苦得來的權利，這祇有久習於自由而願意負起責任來的社會始能辦到。於是他想拿統一頭腦的合羣本能來強加於德人，作爲自由人民自由結合的代用品。在政治軍事上說，這觀念並不違反德國人的氣質，因爲他們是易守紀律，而歡喜列隊開步的。希特勒的方法比較新的一點便是取消了思想和詢問的自由，研究和批評的自由，這種自由正是過去德國哲學科學進步的要素。

據我所知，人類的進步，從來不是什麽「羣衆思想」，或是「統一思想」所造成的。人類進步的過程都是偉大的個人頭腦所促成的。自由的價值便在使個人頭腦有機會與錯誤和無知鬥爭，把眞理找出來，宣佈它，不論冒什麽險，能爲發現的眞理作見證。這是個人奮發努力的機會，從政治與社會來說，這是公衆服務之門。這正是獨裁制的反面。

今日控制英國報紙的人們，對於自由的價值能夠懂得多少？讀報的人對於「言論自由」又能懂得多少？因而降低新聞界的水準又有多少？我們若能證明英國大多數的報紙，甚至重要的少數報紙也好，祇要它們的老闆和編輯估量過自由的價值，而懂得人類最可貴的財產便是自由，那末對於以上的問題，我們便能提出令人欣慰的答覆了。現在我們這「民主」文明外衣上的光澤已在消失，底下的紋理已經暴露。英國的報紙，和控制這些報紙的人們現在應該檢察一下這些紋理，過去是否織得緊密，現在所織的，用的是好紗還是爛紗。作爲個人自由的政治形式的自由制度立刻遭遇生存的考驗。所以貝爾福子爵曾以此爲英帝國的「生命之血」。在這些自由制度中，沒有一種制度更比言論自由爲重要的，即國會制度本身亦所不及，自由的報紙不但不屈服於政治的權威，也不受工商業與金融界的控制。

# 第二章　報紙的經濟

早在一八九五年法國便發生過一次論戰，卽在憲法上，保護公衆自由，結合自由的要義與穩固的制度，什麽是最好的方法。總統是辭職了，因爲他說法國憲法不曾賦與他充分的權力，使他成爲國事的最高調停者。那時有著名的歷史家塞格諾博斯教授（Professor Charles Beignobos）在「巴黎評論」上發表一篇文章，硏究孟德斯鳩國家分權以保護自由的著名學說。他追溯歷史，說明了孟德斯鳩的觀念是怎樣錯誤的，十九世紀的經驗證明了什麽才是公衆自由眞正的保障。時至今日，他的硏究對於「報紙工業」所發生的問題仍有關係，因爲他所提出的問題仍需予以公正的解答。

孟德斯鳩的分權說載在他 "Esprit des Lois" 一書的「論英國憲法」一章中。這學說本身並不新奇。陸克，史惠夫脫，波林勃洛克都曾說明國家的權力各有區別，而後兩者又曾說到「均權」一點，以此控制各權，使之不能形成某權特大的形勢。可是塞格諾博斯說，『由於科學，物質生產，教育和新聞事業的進步，』文明社會在十九世紀中有迅速的改變，而使以往的政治制度有破裂之虞。他分析了孟德斯鳩的分權說以後，下了這樣的結論：

「根據十九世紀的歷史，要防止一切行政機關的集權傾向，官吏的濫用權力，立法機關的陰謀，祇有兩個有效的方法。這兩個方法都產生於本世紀，而爲孟德斯鳩所不及見。受過政治教育的人民，習慣於正確的情報，對於人民的代表有更多的要求，更求他們報告其所爲，顧及民意；但在必要時，人民有援助他們的決心，以各種方法，反對政府。這是第一個方法。

另外還有一個方法，便是報紙。報紙洞悉一切，凡當權者之所爲，報紙決意採訪，刊登，和批評，報紙完全與官吏無關，甚至與有封閉之權的法官都無關係，報紙本身的財產甚富，報紙的種類也太多，要全體貪污實在是不可能的事。

一個國家有了這樣的人民，這樣的報紙，便足以防止各種專制主義之抬頭。

★ ★ ★ ★

如果孟德斯鳩不能預測十九世紀文明社會的政治變化，那末誰也不能在一八九五年預料到二十世紀第三個和第四個十年裏的情形。塞格諾博斯以爲報紙本身的財產甚富，種類又太多，因此無法全體貪污，而是爲公衆自由的一種保證，可是他不曾料到：由於經濟的財政的勢力，報紙的種類會減少起來，因此現存的報紙的老闆便掌握了實際的報紙專利權。同時他又不曾料到：由於報紙財產之大，足以減少報紙的獨立性，而妨礙其保護公衆自由的任務。

在法國，報紙不能說完全脫離官方或實業界的勢力，而爲公衆自由的保衞者，或正確消息的供應者。在最近的過去，法國的大多數報紙也不曾獲得威武不能屈，富貴不能淫的令譽。可是在法國，祇要有一個人願意犧牲數千鎊的財產，至少便可以辦一張「輿論的報紙」，而找到歡迎其獨立持論的熱烈的讀者。在英國，我們便沒有這麼便利。假如要辦一張日報，能夠引起重大的注意，暢銷全國，恐非百萬鎊以上的資金不可。一九三七年一月間「經濟學家」雜誌上曾連載幾篇文章，論及「報紙工業」，據說全國性的最近一張報紙：「每日導報」(Daily Herald) 要化了兩百萬鎊才能達到自給的地步。他又說：「開業費需要這麼大的恐怕沒有別的工業了。」

可是也不是一直如此的，哈姆斯華斯創辦「新聞晚報」(Evening News) 失敗以後，曾於一八九〇年後創刊「每日郵報」(Daily Mail)，可是他所費亦不過十萬鎊左右而已。有人說，甚至連一萬五千鎊都不到。而且他這企業是一開始便賺錢的。

可是幾年以後，有人創辦一張倫敦晨報：「論壇報」(Tribune)，是比較「嚴肅」一點的，却化了它的老闆六十萬鎊左右。這筆款子大部分化了以後，它的主人雖然失望，但據若干精明人士估計，當時該報已快能收支相抵，進而賺錢了。有特殊創業能力的新聞記者也許將來能走運，正如李凡（Moses Levy）在一八五〇年後辦「每日電訊」（Daily Telegraph），以及哈姆斯華斯在一八九〇年後走運一樣，但大體說來，要在今日辦一張報，所需資金之鉅，足使現有的報紙老闆們不必恐懼會有新報起來作有效的競爭。

哀爾弗策特·哈姆斯華斯（或北巖爵士）及其弟哈洛特·哈姆斯華斯（後來爲羅什米爾爵士）直接間接使過去一代中英國報紙的經濟發生變動。他們的事業也促使報紙成了「報紙工業」，雖然他們不是首創者。我在這裏想把英國報紙經營的一般情形來說一說，看它們是否能執行其看守公衆良心的任務。

★ ★ ★ ★

哈姆斯華斯的日報事業開始於一八九四年購入倫敦的「新聞晚報」，化了二萬五千鎊。這報紙創刊於一八八一年，雖有保守黨的大批津貼，但經濟情形始終不行，結果不得不交給法定監掌人管理。那時是一個頭腦清楚而囊無分文的新聞記者，即故瓊斯氏（Kennedy Jones），據說他收到一筆禮物，即「新聞晚報」的一萬兩千股不值半文的股票。他挾着股票去出席該報的債權人會議，說服了法定監掌人許他有優先購買該報之權。於是他去見哈姆斯華斯，要他出二萬五千鎊購入「新聞晚報」，那時「新聞晚報」的老闆們自創刊以來已在五十萬鎊的資本中化去大部分了。哈姆斯華斯在「回答」(Answers)週刊上賺了一點錢。「回答」週刊創刊於一八八七年。

哈姆斯華斯羅買了這張報紙，哈姆斯華斯兄弟和瓊斯便開始搶救「新聞晚報」的經濟厄運。那時「新聞晚報」每天所刊的賽馬和體育新聞有十五欄至十六欄，「新聞晚報」的主要競爭者「星報」(Star)所刊的還不止十五六欄。哈姆斯華斯及其助手們便減少賽馬和體育新聞至每日六欄至七欄，而擴充他們認爲有吸引力的其他新聞。那時恰巧有一件驚人的暗殺案，他們很能利用讀者的興趣，對於該案審訊情形，報道亦較他報迅速，於是在幾個月中，「新聞晚報」便增加了四萬份。到一年年底，「新聞晚報」已賺了不少錢。兩年以後，他們決定以此贏餘，再加其他資本，創辦「每日郵報」(Daily Mail)。

哈姆斯華斯辦「新聞晚報」，有一件逸事是不得不在這裏一談的。原來他叫編輯轉載美國滑稽報上的笑話和諷刺短文，惠而不費，又可以增加讀者興趣。有一次登了一則笑話，說百老匯路上有一個猶太人向另一個猶太人慰問，因爲另一個猶太人的房子在「上星期」被火燒掉了，他又向這另一個猶太人表示，希望這房子已保過火險。可是另一個猶太人回答說：

「不是上星期，你這呆虫，是下星期！」可是湊巧在倫敦有一個猶太人，名字和這笑話裏的猶太人的名字一模一樣，他的房子起了火，要求保險公司賠償。「新聞晚報」上的笑話一登出來，這猶太人便立刻以毀謗罪控告「新聞晚報」。哈姆新華斯百喙莫辯，不是發生訟案，便是預備賠償原告損失。哈姆斯華斯寧取後者，賠了這猶太人六百鎊的損失費？結果他收到這位猶太人一封道謝信，他說爲了要跟「新聞夜報」打官司，他們組織了一個小小的公司，現在訟案已經勝利，他們預備設宴慶祝，哈姆斯華斯君如能參加，尤爲歡迎！

★ ★ ★ ★

「每日郵報」創辦時的資本雖小，但是歷年所賺無不繼續投資於此，到一九〇五年，該報由「聯合報業公司」(Associated Newspapers Limited) 接收時，所投的資本已在一百萬鎊以上。接收的第一年底（一九〇六年），該公司一百六十萬股都派到百分之八的股息，一九〇九年至一九一〇年派到百分之十股息，一九一一年至一九一三年派到百分之十二，一九一四年派百之十七，自一九一八年起至一九二〇年竟派到百分之二十。一九二〇年九月間，該公司除在紅利股方面分發股息二十五萬鎊以外，每兩原有普通股獲得一新股，所增資本亦發百分之五的股息，而且免捐。

這樣算來，這公司成立十六年來，原有的每一普通股（僅此普通股有選舉權）的贏利達百分之兩百零七·五，而每股的票面價值增加百分之五十。在七十五萬股普通股中，一九二一年六月間有四十四萬一千股是屬於哈姆斯華斯家的。

聯合報業公司成立之年，「英紐開發公司」(Anglo-Newfound land Developmant Company Limited)也成立了，收買了三，四〇〇方哩的森林，製造新聞用紙，這公司的大股東便是哈姆斯華斯的幾個公司，這樣，他的報紙可以不受紙商的束縛，而新聞用紙的來源可以源源不絕。四年以後，他們又在格萊夫山(Gravesend)創辦「皇家造紙公司」(Imperial Paper Mills Limited)，造了廣大的碼頭，可供紐芬蘭運來的紙漿船停泊。在十年間，這紙廠每星期可產新聞用紙六百噸。

這紙廠的大股東是「聯合出版公司」(Amalgamated Press)，「聯合出版公司」開始於哈姆斯華斯的創辦「囘答」雜誌，在一八九六年註册時，稱爲「哈姆斯華斯兄弟公司」(Harmsworth Brothers Limited)，後來出版的刊物益多，終於有了七十五個週刊和月刊。該公司的股本爲一，〇六五，〇〇〇鎊，分五一五，〇〇〇普通股，有選舉權，和五五〇，〇〇〇的五厘累積優先股。一九一三年底分配紅利股時，每十股普通股可得三股普通股。自一九〇一——二年到一九二〇——一年的二十年間，普通股分到的股息極厚。最低的一年為一九〇三——四年，但也有百分之三十五的股息，每隔一年得百分之四十的股息，包括一九一三年的紅利股在內。一九一八年後數年間，所得股息是免稅的。這不啻實際股息有百分之四十八。自一九一三年至一九二一年的九年間，公司的贏利為四，一四二，一九〇鎊，合原有資本的四倍。

哈姆斯華斯於一九二二年八月逝世後，他在各報社所有的股權都清理一下，大部分由其弟羅塞米爾爵士接收。一九二六年「聯合出版公司」移交給貝萊兄弟公司管理，而由威廉·貝萊爵士（卡姆洛斯勳爵）(Lord Camrose) 任首長。其已繳資本達七百二十萬鎊左右。該公司繼續大為贏利，對於一百二十萬鎊的普通股繼續發給優厚的股息，但發給紅利股一事，在貝萊爵士管理之下，已告取消。一九三一年該公司贏利七〇六，五〇七鎊，普通股所得股息為百分之三七·七。但在此數中，僅以百分之十五發給股東，其餘悉數充作公積金。自一九三二年至一九三七年間，祇有一年，股息不足百分之二十，但發給股東的股息事實上以百分之十一為限。

「聯合出版公司」除了擁有一百多種雜誌報紙以外，還辦有兩大紙廠，所有該公司出版物的用紙都由這兩家紙廠供應，而且還供應若干倫敦和外省報紙以白報紙。

★　★　★　★

「聯合出版公司」雖是一個賺錢的機關，但在早年，它還不及哈姆斯華斯家在一九一〇年創立的另一公司。這公司的名字叫「畫報有限公司」。哈姆斯華斯於一九一四年向他的弟弟埃爾弗萊特買來的「每日鏡報」便由該公司接管。一九一五年羅塞米爾爵士創辦「星期畫報」，一九二〇年三月該公司改組爲「每日鏡報有限公司」，自一九一一年起至一九一四年，該公司十萬鎊普通股的股息爲百分之十五至百分之二十，但自一九一五年起至一九一九年，竟達百分之六十。一九一九至一九二〇這一年，股息爲百分之五十五，免稅。一九二〇年三月，該公司改組，原有五厘優先股換得八厘新股一股，原有七厘優先股換得八厘新股一股，另發現金兩先令六辨士。十萬鎊緩發股則每股換取普通股新股七股。發給股息百分之五，另有「星期畫報」的股息，因爲這刊物，自公司改組後，已成爲一個獨立機關。故自一九一〇年以後，每一緩發股已收回其資本之百分之四五〇，其股票價值已增加七倍。

★　★　★　★

一九〇八年，北岩爵士在「泰晤士報」獲得重要權利。「泰晤士報」的股權異常複雜，這是由於該報創辦人約翰・華脫一世的分配之故，結果大多數的股東都不滿意。該報銷數在該報第二個偉大主筆提蘭尼（Delane）的時候，曾達六萬八千份，售價三辨士，但後來跌下去了，幾乎祇有三萬八千份，收入大爲減少。在這情形之下，約翰・華脫三世的第二子弗萊塞・華脫（Fraser Walter）便設法將「泰晤士報」與「標準晚報」（比「泰晤士報」的情形更壞）合併，並任披亞遜(C. Arthur Pearson)如副社長。北岩爵士聽到這消息，便和「泰晤士報」的若干重要職員和幾個股東接觸。他提出了一個建議，使其他已向法院控告弗萊塞・華脫的許多股東都覺得滿意，致使法院接受這個建議，而不取華脫和披亞遜的辦法。於是「泰晤士報」便由「泰晤士出版公司」所接收，法定資本爲七五〇，〇〇〇鎊，一九二〇年增至一，〇〇〇，〇〇〇鎊。北岩爵士在這資本中，雖然不曾取得大部分的股權，但他得到一個保證，即在他生時，華脫所有股票的選舉權都由他處理。因此自一九〇八年起，他對「泰晤士報」具有有效的控制權，一直到他逝世前數月，才眞的全部控制了「泰晤士報」，因爲他已向弗萊塞・華脫的兒子和繼承人約翰・華脫四世（John Walter IV）購得了全部股權。北岩於一九二二年八月間逝世，他的產業有五，〇〇〇，〇〇〇鎊，根據他的遺囑淸理，以後有幾件重要的交易。

★　★　★　★

他的缺點很多，他的優點不少，但無論怎樣，北岩總是一個澈澈底底的新聞記者。他根本不是一個理財家，甚至根本不是一個實業家。他雖在報紙上和新聞事業上大賺其錢，但他所最注重的是「新聞事業」本身及其影響。對於大處，他受命於公衆的觀念是很深的。在他以前，也有不少報紙買賣過——但買賣雙方有時不大注意使報紙成爲寶貴「財產」的人們的信仰與權利。這種交易完全是私人性質，初無重大意義。北岩死後，才發現他曾以其財產之一大部分贈其各項事業中的職員，正像他在生時一樣，曾設法提高印刷工人和新聞記者的薪水，至從未到過的程度。

他的弟弟羅塞米爾爵士，却永遠地根本是一個理財家。他賺錢的本能幾乎堪稱天才。他不但施諸新聞事業方面，他從事許多事業，例如養牛和果園等等。誰也不敢說能在買賣中佔他的便宜，他着手的東西，縱不點鉄成金，至少總變成了贏利的事業。可是他有一個野心尚未完成。他久已想做「泰晤士報」的老闆。一九二二年，北岩的身體一天天衰弱了。羅塞米爾爲了減輕北岩的負荷，願意收買北岩在「泰晤士報」所有普通股和優先股。北岩略一遲疑後，決定答允這一建議，並以此通知「泰晤士報出版公司」的社長。可是那時報社方面便設法勸誘北岩，居然在此「交易」完成以前，改變了他的意志——這使羅塞米爾大爲失望。

那時北岩控制着「泰晤士報」，是以一項協定爲根據，卽渠於一九〇八年與華脫家所訂之協定，根據協定，北岩得處置華脫氏所有股票的選擇權。在北岩方面，則担保於其逝世後，華脫家族得以票面作價，或以最近三年普通股之股息計算，裁定價格，購回北岩所有之股票，以保障華脫氏在「泰晤士報」傳統的權利。可是「泰晤士報」的普通股有好幾年不分股息了，因此此項協定如果繼續有效，那末一九二二年八月北岩逝世後，約翰·華脫卽得以當時之票面價格，購回北岩所有之股票。但在一九二二年，約翰·華脫竟以其全部股權售與北岩，這樣一來，以前的協定便失去效力，約翰·華脫對於「泰晤士報」未來的利益祇有一點，卽北岩遺囑中曾規定華脫有以他人所出之最高價，優先購得北岩所有股票之權。

北岩逝世後，誰出的價格最高，這一點非常重要。羅塞米爾購買「泰晤士報」的雄心未死，但在其他的人，正有同樣的決心，務使羅塞米爾不能購得該報。羅塞米爾先叫他的代表放出空氣來，說羅氏祇願以一百萬鎊購入北岩所有之股票，決不願再多出半文錢。但此數已較華脫如在兩個月前不曾出賣其全部股權於北岩，今日所需籌措之款高出一倍以上。後來北岩的股票在法庭裏拍賣，羅塞米爾所有的價格至少要比一百萬鎊高出三分之一，這一着別人也料到的，於是埃斯脫少校（Major John Jacob Astor）便授權華脫的代表，以羅塞米爾所出的同樣價格承購之。

這樣，「泰晤士報」的控制權便移到埃斯脫少校的手中。他便組織一個領有特別證書的取締公司，以免「泰晤士報」將來被別人收買，除非獲得保管委員會的許可，這保管委員會則由英國最高法官，牛津大學衆魂學院院長，英格蘭銀行行長，皇家學會主席，以及會計師學會主席等人組織之。根據此項證書，「泰晤士報」之股東，如欲出售股票，祇能無條件讓與埃斯脫少校，或約翰·華脫，如欲售與別人，必先獲得保管委員會之許可。其目的在使股權不致落於保管委員會所不能信賴之人的手中。

這巧妙的辦法表面上似乎足以保持這英國領袖報紙未來的獨立，但有一種危險，即此舉足使該報在彭斯和提蘭尼兩大編者時代的戰鬥精神爲之減殺，而使該報紙職員自認爲某一國家機關之管理人而非以報紙本身價值見長之新聞記者。「泰晤士報」如在新聞競爭中間落伍了，或者在活力方面，政策方面，不及其他報紙，那末該報紙縱使成了國家機關，縱有特別證書，也不足以保持其過去之影響與價值。「泰晤士報」定價兩辨士，日銷廿萬份左右，須與售價一辨士，銷數在六十五萬份以上之「每日電訊」（Daily Telegraph）與「晨報」（Morning

Post）競爭。如果「每日電訊」能創立其本身堅固之「靈魂」——在一九三八年九月之國際危機中，「每日電訊」的「靈魂」因勝於「泰晤士報」——如在辦報能力上見之，則「泰晤士報」祇能籲求彭斯（Thomas Barnes），甚至北岩的靈魂來保持其地位了。

★　★　★　★

羅塞米爾爵士既然欲購「泰晤士報」兩度而不成，便轉移其注意力於北岩爵士所有之其他各報。一九二二年九月，公佈了這樣一個聲明：

故北岩爵士持有「聯合新聞有限公司」之大部分緩發股票，故為「每日郵報」（Daily Mail），「新聞晚報」（Evening News），「每週遞報」（Weekly Dispatch），與「海外郵報」（Overseas Mail）之大股東。其所有之四十萬緩發股票現由其弟羅塞米爾侯爵所有。

控制以上各報的四十萬股緩發股票，係由羅塞米爾爵士以每股四鎊之價格購得之，計總數為一百六十鎊。於是羅塞米爾便組織了一個「每日郵報托辣斯」（Daily Mail Trust），以此四十萬股易取該托辣斯之普通股。這托辣斯的資本定為一百六十萬鎊，每股一鎊，每股兩先令，計十六萬鎊為已繳資本。「每日郵報托辣斯」又發行七厘有担保十五年期之第一可抵押證劵一百六十萬鎊。換句話說，羅塞米爾購入北岩所有的股票須付一百六十萬鎊，但公衆倒替他付了一百四十四萬鎊，羅塞米爾及其朋友們祇要付十六萬鎊好了，祇要發行的證劵上了七厘利息，他們雖然只出十六萬鎊，便有權獲得與四十萬「聯合新聞公司」股票同價的股票。

那時「聯合新聞有限公司」的緩發股票一共有七十五萬股，付了六萬七千鎊的優先普迪兩種股票的股息以後，「聯合新聞有限公司」的贏利有一半以上歸「每日郵報托辣斯」所有。一九二二——二三年「聯合新聞公司」的贏利爲六八〇，二〇九鎊，而上年度的股息祇有二二四，一二三鎊，因此「每日郵報托辣斯」所得的贏利部分約爲三六〇，〇〇〇鎊，其所付七厘債劵的利息祇有一一二，〇〇〇鎊。實際的股息爲百分之三十五，所發紅利爲百分之三三又三分之一，因此「每日郵報托辣斯」所得的現金爲一四〇，〇〇〇鎊，以紅利充資本部分爲一三三，三三三鎊，這是發行債劵一年的贏利情形。

一九二三——二四年，「每日郵報托辣斯」的贏利爲九一〇，四〇八鎊。股息提高至百分之四十，此外又發百分之廿五，與百分之廿兩種紅利。由此觀之，雖然購買北岩股權，大部分的錢是公衆出的，但公衆所得的贏利不到半數，而羅塞米爾及其友人們則以一六〇，〇〇〇鎊已繳普通股持持有人資格，則獲得贏利之大半。

「每日郵報」債劵發行一個月後，即一九二二年十一月「聯合新聞公司」的緩發股票上市時，開盤每股爲六鎊五先令，而羅塞米爾所允予付給者僅爲每股四鎊，後來又發紅利百分之七八以上，於是每股的價格又幾乎漲了一倍。而且「聯合新聞公司」的在羅塞米爾巧妙的管理之下，贏利繼續增加。截至一九三五年三月二十一日爲止之一年中，該公司的贏利爲九一七，〇四六鎊，對於緩發股又發給百分之四十的股息，於是「每日郵報托辣斯」的資本已由四十萬鎊變成八十萬鎊。

一九二三年秋，羅塞米爾爵士又擴大其活動。他以五百萬鎊購買了故胡頓爵士（Sir Edword Hulton）的全部報業投資。同時以一百萬鎊代價以羅塞米爾在蘇格蘭的報業投資「聯合蘇格蘭報業公司」（Associted Scottish Newspapers）售與「胡頓公司」（E. Hulton Company）。那時「每日郵報托辣斯」便登場了。該托辣斯以六百萬鎊代價購入胡頓各報和羅塞米爾的蘇格蘭各報，而以胡頓爵士所有的「標準晚報」（Evening Standard）的百分之五十一股權以二五〇，〇〇〇鎊代價售與皮佛勃洛克爵士（Lord Beaverbrook）。這裏又是公衆來出錢的。同時，我在上面已經說過，「每日郵報托辣斯」所有的「聯合新聞公司」緩發股票的價值已漲至八十萬鎊。同時它握有胡頓公司九一八，〇五六股普通股以及其他投資，而該托辣斯新加的普通已繳資本僅四萬鎊，總資本增至二十萬鎊，每股兩先令，同時核定資本自一，六〇〇，〇〇〇鎊增至二，五〇〇，〇〇〇鎊。這裏發行的「債券」又是以羅塞米爾的兩種報來担保的，發行債券又是大吹大擂，承購的人超過預算。

「每日郵報托辣斯」又在胡頓的事業上大發其財。早在一九二四年，該托辣斯以五百五十萬鎊代價，將胡頓公司在孟却斯脫所有的出版物（「每日速寫報」(Daily Sketch)和「星期日先驅畫報」(Illustrated Sunday Herald) 除外）售與貝萊集團所有「星期日泰晤士報」(Sunday Times)。因此該托辣斯連同皮佛勃洛克爵士在「標準晚報」所出的廿五萬鎊，一共賺了七十五萬鎊，此外還多了一張「每日速寫報」和「星期日先驅畫報」。「每日郵報托辣斯」卽以此款贖回其債券之半數，計四百萬鎊。「每日速寫報」和「星期日先驅畫報」則另行組織一個公司，發行六厘債券一百六十萬鎊，並以此數中之一百二十萬鎊，再贖回「每日郵報托辣斯」的債券。這樣一來，該托辣斯在胡頓事樂上的一宗買賣，竟一共賺了兩百三十五萬鎊，此外還多了一張「每日速寫報」和一張「星期日先驅畫報」。「每日郵報托辣斯」的錢既然賺得這麼多，兩先令一股已繳股在市場上漲到五十先令一股，自然並不稀奇了。

「每日郵報托辣斯」後來更名爲「每日郵報普通有限信託公司」(Daily Mail and General

Trust Limited)，其活動情形如何，我們便不大清楚了。一九二九年該托辣斯的純贏利爲三八七，八二二鎊，以後便不曾超過這個數字，其普通股息爲百分之十七又四分之一，免稅。一九三六年該托辣斯純益百三〇六，四〇三鎊，但股息仍有百分之十一又四分之一，免稅，普通股每股發股本紅利百分之十，或每普通股十股，發給一股，價格爲每股五十先令。一九三二年該托辣斯每普通股八股，也發給一給，價格爲每股廿五先令，但純益祇有一七三，二八三鎊，股息則減至百分之八又四分之三，免稅。這個托辣斯的股票原來祇有兩先令一股，亦即已繳資本僅爲原定資本之百分之十，這麼一估計，那末羅塞米爾爵士等人在報業投資上的冒險實在獲得了重大的酬報。

★　★　★　★

能夠看到報業（非指新聞事業）能賺大錢的，不祇羅塞米爾爵士一人。南威爾斯人貝萊(Alderman John Mathias Berry) 的幾個兒子所組的報業集團，普通稱爲「貝萊集團」，其賺錢本領亦不下於羅塞米爾爵士。這一個集團以原稱貝萊爵士(Sir William Berry)，後稱卡姆廬斯勳爵 (Lord Camrose) 者爲領袖。貝萊的幾個兒子中，長子與故朗達勳爵的礦業很有關係，次子即卡姆洛斯勳爵，則爲新聞記者出身，早在一九〇一年便創辦「廣告世界報」

(Advertising World)。一九一五年起，他担任「星期日泰晤士報」的總編輯，後來任貝萊集團控制下的若干報紙和出版公司的董事長和副董事長。這些出版公司包括「星期日泰晤士報」，「金融泰晤士報」(Financial Times)，「每日電聞」(Daily Telegraph)，(該報係向本漢勳爵(Lord Burnham)買來，後來又合併了「晨報」(Morning Post)「畫報」社(Graphic)各出各刊物，「凱萊行名錄」社(Kelly Directories)，和若干印刷公司，此外還有一些外省報紙。

「貝萊集團」以五百五十萬鎊向「每日郵報」購得胡頓各報後，便將胡頓各報與「星期泰晤士報」的版權和招牌賣給一個新公司，代價爲七百九十萬鎊，這新公司的名字叫「合衆新聞公司」(The Allied Newspapars Limited)。「合衆新聞公司」的贏利在一九一九年祇有二八五，七〇四鎊，但到一九二三年，突增至八五五，一九九鎊。一九三一年和一九三二年略有跌落，但到一九三五年，又增至七二一，三六七鎊，一九三六年增至七四二，五二五鎊。

同時貝萊集團又幹了一件商業上的大事。他們組織了一個新公司，叫「合衆北方新聞公司」(Allied Northern Newspapers)，承購羅塞米爾爵士售與胡頓公司的「聯合蘇格蘭新聞公司」(Associated Scottish Newspapers) 在全部產業。「貝萊集團」又以現款二，〇四二，〇〇〇鎊，和股票八五，〇〇〇鎊，購得蘇格蘭與北英格蘭若干報紙。該公司便公開發售二百三十萬鎊的六厘半債券，百分之九八以該公司之優先股和普通股以及第二次債券如担保。該公司的普通資本總額爲一百萬鎊，全數由「合衆新聞公司」承購，祇有上面所說的八萬五千鎊不在其列，而由「合衆新聞公司」來担保「合衆北方新聞公司」債券的本息。但該公司所屬各報的贏利，除了付給債券利息外，便並無多大股息可發。

在一九三七年一月以前，「貝萊集團」是一個單位，以後却分成了三個單位。卡姆格斯勳爵執掌「每日電聞」，「晨報」，「金融時報」，和「聯合出版公司」。他的弟弟金斯萊勳爵 (Lord Kemsley) 則執掌「貝萊集團」的外省報紙，以及倫敦的「星期日泰晤士報」和「每日速寫」報。埃立夫勳爵(Lord Iliffe)則執掌出版凱萊氏各種行名錄的出版公司，以及若干商業性和技術性的刊物。因此，所謂「貝萊集團」這名稱便不再存在，它的三個單位便和其他的報業「集團」並列，例如「開特倍萊集團」(Cadbury Group)，擁有倫敦的「新聞紀事報」(News-Chronicle) 和「星報」(Star)·，「奥特漢集團」(Odhams Group)，擁有「每日先驅」報 (Daily Herald) 和若干雜誌·；「皮佛勃洛克集團」，擁有「每日快報」(Daily

Express)，「星期日快報」(Sunday Express)和「標準晚報」(Evening Standard)等。主要的倫敦和外省報紙，不爲「集團」所控制者，祇有「泰晤士報」，「孟却斯脫衞報」(Manchester Guardian)，「格拉斯哥先驅報」(Glasgow Herald)，和「約克郡郵報」(Yorkshire Post)，另外尚有「觀察者」(Observer)等四家星期日報紙亦爲獨立出版物。這些報紙都不曾顯著的「報紙金融」所管理。

★　★　★　★

早在十二年前，我曾在「報業之病」一文中，說到報業經濟的特性，喚起讀者的注意。這種疾病，據我所見，便是在保證新聞事業政治，道德，經濟獨立的必需以外，更以報業爲營利的手段。替報業金融家們出了大部分金錢的公衆，其賺錢或是蝕本，還是小事。不論視之爲投資者也好，投機者也好，既然由他們來冒險，那末蝕了本，也是活該，祇要它於整個的報業無損。祇要叫賣報紙股票或是「債劵」的人同時能充分完成其正當新聞事業的任務，卽以公衆的立場發表公正的批評便行了。假如做不到這一點，那末近代的報業經濟必以一種可怕的疾病加諸報紙和公衆的身上，而無治愈之望。此種疾病有好幾種徵候，有的與務使增加報紙銷路，俾在廣告上增加收入的方法有關。但是最重大的徵候，最足以危害社會主義所謂「資本主義社會」的健康的，却是這樣：報紙本身變成了大規模的賺錢機關的一種，因此對於在報上刊登大廣告的賺錢機關和公司，便不再深加檢討。「公司報告」刊登於報紙所出的高昂代價，便會使各報懂得了「光棍不斷人財路」這句俗語。

如果有人說，報業公司的股票，由公衆來承購，卽所謂公衆事業由公衆所有，便足以補救這個缺點，那末我們便要說，公衆買了報業公司的股票未必便是公衆控制了報業公司，而控制之權常操諸不爲公衆所大量握有的那一類股票之中。報紙的眞正主人是握有大多數這種股票的人們，他們既然握有這種股票，便有直接間接，保證其獲得大部分贏利之權。再者，普通投資者旣無控制報紙之權，便會僅視辦報爲生意經，凡任何政策足以增高其股票市價者，莫不默認。就拿這幾點來說，由公衆承購報紙的股票，便未必是一種好辦法，也許竟是壞辦法。

★　★　★　★

假如報紙各自爲政，而不爲一大工業的砥柱，那末要保持健全的報紙，經濟獨立，足以抵制官方或其他有關方面的壓力，仍然是難事。今日之報業已爲大宗相關工業之中心，而控制者非胥爲視報紙有指導公衆義務之人。卽以定期刊物合併而言，則今日之「報業」，其所僱人員已較製磚業，釀酒業為多，幾與紡織業相等。以僱用勞工而論，在一九三五年，已超過造船及鋼鉄等重工業之上。在倫敦，孟却斯脫，與格拉斯哥，報業現為最重要之工業，其擴張甚為迅速，其所僱職工，在一九二一年至一九三一年之十年間，已增加百分之四十，即自五六，四八八人增至七九，四五八人。此項數字並不包括製紙工業所僱之人數，亦不包括派報工人與推銷員在內，派報工人與推銷員人數則在十萬人以上。

商人而擁有偌大工業，他們對於新聞事業的看法，較諸其生活財產需視新聞記者的能力與品格而定的人，當然不同。在這即將成為「全能主義」的企業中，控制報業的工業鉅子們自然會有一種傾向，卽視新聞記者與報業中的其他職工初無異致，祇要讓他們有相當的創造力與自由，足使公衆不致認為報業已失自由便行了。商人對於帳簿上的任何一項，總是以它數目的大小來估計其重要性的，而銷路廣大的報紙，新聞記者的費用恐不及整個支出之六分之一。最近「政治經濟計劃團」刊行過「英國報業報告」一書，曾以兩張假定報紙的開銷與一九三七年九月皮佛勃洛克勳爵對於「每日快報」所公佈的開銷比較，發現了兩者的估計非常相近。試以「每日快報」的實際開銷為例，其每年總支出為五，〇二五，〇〇〇鎊，其中紙張油墨為一，三七五，〇〇〇鎊，約佔總出出之百分之三十六，機器工人之工資為七〇〇，〇〇〇鎊，約佔百分之一八·三，發行費用六五〇，〇〇〇鎊，編輯費用（包括新聞稿費用）六〇〇，〇〇〇鎊。但在編輯費用中，有多少是作用新聞記者薪給的，却不曾說明。也許還不及銷讀者和兜攬廣告的費用，即四〇〇，〇〇〇鎊。

這樣看來，新聞報導本身在報業的帳簿上祇佔着一個不重要的地位。因此商人便易於低估新聞記者的價值，而常以「營業」的立場來判斷新聞記者的工作。一個新聞記者的工作，據「泰晤士報」在一八五二年二月七日所說，是「必先尋求眞實，其貢獻於讀者的，不是政府所希望讀者知道的東西，而是他們所力能尋到的眞實。」一個記者要執行其眞正的業務時，不免要影響市場，或是得罪要人名流，可是這些要人名流，也許正是報業鉅子們所要趨奉的，在這種時候，新聞記者勢必感到，他們在報業中祇佔着不重要的地位。

★　★　★　★

報業經濟上這種現狀，簡直無法謀得改進。當然沒有簡單的救藥，或是萬應的藥。即使每一張報紙都有保證，正如埃斯脫少校處置「泰晤士報」一樣，這疾病還是不能治愈。躲避風雨未必能培養整個報業的活力。有一個補救辦法，也許便是英國的廣播，祇廣播新聞，不播廣告，播向千百萬的人家，這樣，報導的範圍較報紙爲廣，而報導所費則較報紙爲廉。另有一個辦法，雖苦而利於病，便是將報業經濟逐漸收縮，另外發展一種新聞報，供給教育程度較高的讀者閱讀，由於經營節省，可以無需廣告。但最大的辦法，還該從輿論的領袖和可靠的教育家身上產生。服務於公衆之人不必再伺候報紙的臉色了。他們可以在廣播電台上直接訴諸人民大衆。他們可以設法造成一種趣味和判斷的水準，而迫使報紙老闆畏於公衆感情的壓力而遵守之。廣播事業的獨立性，必需全力保持之。報紙的使命本來是教育人民和啓迪人民，現在報紙一變而失身於贏利的商業，那末這使命應該由別的手段來完成它。爲了自己的錢袋着想，也許會使報紙老闆們的良心刺激一下。

總之，人心的健康已遭危機，社會的心理不能受某一種壓倒勢力的控制，這一點很重要。民主自由的精義便在應以抵制與平衡的力量來防止政治社會勢力的偏向。目前英國報紙在金融鉅子的控制之下，報紙的影響是不平衡的。即從這些鉅子本身的利益來說，他們也不夠聰明

# 第三章　印刷術

手寫的文字跟印刷的文字之間，其吸引力有着微妙的差別。彭．瓊遜(Ben Jonson)在詹姆士一世時代就已想到這一點，他曾經諷刺倫敦的一個印刷所老闆，說：「我是一個印刷的人，一個印刷新聞的人，我到處找尋新聞……新聞印刷了出來，才對大衆是新聞，他們不相信別的，只相信印刷了的。」

這印刷所老闆叫奈賽尼爾．勃脫(Nathanial Butter)，他只相信印刷的新聞，不相信手寫的新聞。靠着英王詹姆士一世許他印刷「來自外國」的新聞的便利，便在英國開始最早的有組織的印刷「許多巧妙的，奇異的，有趣的，可憐的故事和軼聞」——只是檢查官檢查得太厲害，定閱的人不多。他的創業精神雖然還不能在當時有所發展，但他懂得羣衆的心理，卽印刷的東西較手寫的或口說的東西，更能使人相信，這一點却使印刷所在大衆心理上佔有了特別的地位。

新聞印刷業一向是印刷業的一部份，與印書業對稱，至今猶然。報紙歷史的一大部分便在這一點區別上。以前的字模是一個個分開的，排字的時候便得用手去揀出來，排起來，列成行，用手來加上油墨去，用手來放上紙張去，然後以平板印刷出來，這情形一日不變，報紙便無從迅速大量印刷，因此祇能供給一小部分的讀者。一直要到印刷術進步以後，近代的印報機器才能發明，這發明的故事，絕大部分便是「泰晤士報」企業發展的故事。

在上一個世紀中葉以前，印報術的歷史大部分便是「泰晤士報」印報機器發展的故事。該報曾於一九二九年十月廿九日出過「印刷術特刊」，它在這特刊中說：『從一七八四年開始，一直到今日爲止，報紙印刷術上的主要進步總是「泰晤士報」發明的，「或是最早試驗與推行的。但開始這空前發展的人從事印刷，幾乎是偶然的事。」這話並非沒有根據。以報紙而論，在「泰晤士報」以前，也早已有過。「晨報」是創刊於一七七二年的，要比「泰晤士報」早出十三年。在外國，自十六世紀廿五年以後，便有新聞週報和新聞的定期刊物了。英國報業史起源於一六二二年阿契（Archer）和鮑恩（Bourne）在倫敦刊行的「新聞週報」（Weekly News），但早在這以前，英國有過不少寫新聞的人。自十七世紀末起，連亘整個十八世紀，名作家如狄福（Defoe），史威夫脫（Swift），波林勃洛克（Bolingbroke），潘登奈（Pnelteney），愛迪生（Addison），約翰生博士（Dr. Johnson），約翰·威克斯（John Wilkes），傑紐斯（"Janius"）等的著作使印刷業在英國成爲一大勢力。可是一直要到約翰·華脫一世別的事業失敗，另闢一條生活之路以後，迅速印刷的念頭才成爲一種「生意經」。

那時約翰・華脫記起了一種印刷術，這是他幾年前所想到過的。這印刷術卽所謂「連合活字印刷術」(Logography)，印刷的時候是利用連合的活字的。這印刷術本身是一個排字工人叫亨利・瓊遜(Henry Johnson)所發明的，他發明時是用以印刷數目字的，每晚可以印刷一張國營獎劵的得獎號碼表。這號碼表決不能藉普通的排字法及時趕出，因此瓊遜便鑄成兩個數字到五個數字連在一起的字模，每個字模都可以像普通活字一樣迅速拚起來。他的方法成功了，正想用到印字上去，華脫便來將他的專利買去，立刻創辦了一家鑄字所。早在一七八四年，約翰・華脫創立了「阿樸西略列斯堂附近的王家新式印刷所」，自「泰晤士報」移入以後，這印刷所祇佔了原有地址的一部分。他竭力把九千個英語變成五千個字，「把不變字和語尾分開來，把技術用語和古語去掉。」他又把這些字分成各個音節，語根，冠詞，和語尾，這樣五千個字又減少了，他用這方法創造一套鉛字，祇用四隻鉛字盤便可把全套鉛字放起來，每一隻盤長六呎半，闊四呎半。其目的在使排字人每次可儘量多取幾個字母，但同時又要使連合的活字不太多，以免拆字時多費時間。

約翰・華脫說：用這方法，可較普通的排字法快得多。不論他的看法是否錯誤，但是他的連合活字印刷術却始終不曾有過公平使用的機會。在這種印刷術能自己證實其優劣之前，由於同行的嫉妒，這印刷術是被抹煞了。印刷所和書局不願有一個業外人來干涉他們的印刷術，他們處處爲難他。華脫有一個時期，堅持要用這方法，因爲印刷迅速，顯然是報紙的一大優勢，於是他便在一七八五年一月一日創辦「每日萬事紀錄報」(Daily Universal Register)，而「以連合活字印刷」。「每日萬事紀錄報」或「泰晤士報」（一七八八年起，約翰·華脫將他的報紙改稱爲「泰晤士報」）究竟有多少時候用過連合活字印刷，我們不大清楚。他在一七八九年曾以連合活字印刷過一本小册子，但排字工人要求與普通排字同樣的工資。總之，他的印刷所裏不久便棄置連合活字而不用，「泰晤士報」封面上「以連合活字印刷」的字樣也被取消了。

機器印報術上最初的一大進步應該歸功於約翰·華脫一世的兒子約翰·華脫二世。自一八〇三年起，他單獨經營「泰晤士報」，不久便試用機動印刷機。到一八一四年十一月廿九日，該報便聲明道：

「今日本報謹以印刷術發明以來最大進步的實際效果貢獻於讀者之前。讀者手中的一份是「泰晤士報」昨夜以機器來印刷的數千份報紙中的一份……

「關於這發明的人，我們不能多述……我們只想說……他是一個薩克遜人，他的名字叫柯尼格(Koenig)，他的發明是在他的朋友和同國人鮑爾（Baner）的指導下完成的。」

在這一個聲明中，不會說到看出了柯尼格的發明的價値的人——約翰・華脫二世。同時也不會說到一個具有發明天才的英國作家和編輯威廉·尼可遜（William Nicholson），他在一七九〇年獲得一種滾筒印刷機的專利權。尼可遜的專利有趣的成分多，實用的成分少，柯尼格可能在尼可遜的專利上獲得若干啓示。尼可遜的觀念以爲版子可以裝在平板上，或裝在滾筒上，由另一個滾筒來加以印刷，紙張則放在兩個滾筒的中間，油墨亦由滾筒塗上。尼可遜又主張鉛字鑄成楔形，上大下小，可以裝在滾筒上，印刷起來，像平面一樣，這一點不會爲柯尼格所採用。可是這理想後來被愛潑格斯（Applegath）等人所採取，這理想便是今日主宰新聞印刷界的捲筒機的基本原理。

同時柯尼格的印刷機衹用一個滾筒，鉛字則排在平版上，紙張則放在滾筒與平版之間。在印刷術歷史上，他初次應用蒸汽機動力，因此「泰晤士報」便能每小時印一千份至一千一百份，當時的「泰晤士報」衹有廿吋——三十二吋四小張。這印數已較手工印刷增加四倍。在一八六五年以前，柯尼格的印刷機，跟別人一樣，衹能印刷一面，另一面是另行印刷的。

因此印刷術的大革命尚須待諸將來。

柯尼格回到德國以後，約翰・華脫二世便僱用了兩個英國發明家愛潑格斯和考柏（Cowper），他們在一八二七年發明了一種新的印刷機，每小時可印四千份至五千份。一八四八年愛潑格斯初次發明捲筒機，完全根據滾筒原理而發明，在印刷術上發生一大革命。四頁的「泰晤士報」可以在一小時內印一萬份。愛潑格斯印刷機上的主要滾筒是豎立的，平版被取消了，這與柯尼格的印刷機不同，主要滾筒的四週有八根印刷筒子圍繞着，每一筒子作一欄闊，紙張則放在主要滾筒與印刷筒子之間。

等到美國的胡氏（Hoe）印刷機一發明，愛潑格斯的印刷機便淘汰了。因爲胡氏印刷機也是根據滾筒的原理製成的，但已回到橫式滾筒的式樣，鉛版便裝在滾筒上。早在一八四五年，紐約與倫敦的胡氏公司（Robert Hoe and Company）製造了一種「胡氏式捲筒機」，中間裝有一大圓滾筒，捲動甚速，超過愛潑格斯的印刷機。由於另一種裝置，可使鉛版附於中間圓滾筒上，胡氏捲筒機便能印刷整面，而愛潑格斯的印刷機只能印幾欄。「泰晤士報」用專製的胡氏捲筒機有好幾年。每一部機器每小時可以每面印刷兩萬張，如用兩部機器同時印刷，便每小時可以印刷四萬張。

這機器的缺點是顯然的，要克服它却相當困難。希爾爵士（Sir Rowland Hiel）早在一八二五年便說過，用一筒報紙同時印刷兩面是可能辦到的。四十年後，美國費城的布勞克(William A. Bullock) 便發明了這機器。在一八四五年至一八六五年間，製鉛版術正像印刷術一樣地日新月異，布勞克利用鉛版術的發明，將兩塊鉛版裝在兩個滾筒上，便可以同時印刷兩面。在布氏發明的刺激之下，又有兩個發明家，即「泰晤士報」的麥唐納(MacDonald)與凱佛萊（Calverley）又發明了一種華脫式印刷機（Walter Press），「泰晤士報」應用此項機器，一直到一八九五年為止，以後則改用一種新式胡氏印刷機，能同時裝上三筒報紙印刷。

★　★　★　★

這些發展並不僅僅由於機器學上的天才。正像別的一樣，需要為發明之母。一八五三年英國廢除廣告稅，一八五五年每份報紙徵取四辨士的報紙稅也取消了。一八六一年每鎊三辨士的紙張稅也取消了，於是報紙的銷路激增。一八六五年倫敦一地的銷數要比廿五年前英國全國的銷數增加六倍。各種報稅取銷以後，一辨士一份的報紙在商業大佔優勢，於是開了一種新型新聞事業的門，而「每日電訊」實為其濫觴。

一八五三年廣告稅取消後，「泰晤士報」的定價自五辨士減為四辨士，一八六一年紙張稅取消後，再減一辨士，以後一直售每份三辨士，在機器印刷上則爲先驅者。它利用英法鉛版術的進步，再利用費城布勞克印刷機廠鉛版的使用，發明一種「華脫式印刷機」，又站在英國新聞印刷業的最前端。

利用鉛版術，可以把鉛版裝在滾筒上，布勞克因此而發明把兩塊鉛版裝在兩個滾筒上，而同時印刷報紙的兩面，「泰晤士報」的麥唐納和凱佛萊也因此而發明「華脫式印刷機」。不過「華脫式印刷機」印出來的報紙並不是摺好的，還需用手來摺，摺報的機件最初在利物浦使用，一八八五年，「華脫式印刷機」也加裝了摺報機件。

同時報紙迅速增加張數，這裏祇能多裝幾架祇用一個捲筒紙的機器，或是裝一種複式印刷機，同時可以多用幾筒捲筒紙。例如「胡氏三筒式印刷機」，便是一面裝兩筒，另一面裝一筒的複式印刷機。「華脫式印刷機」跟這一比，便相形見絀。一九〇八年，北岩爵士在「泰晤士報」裝上了新式的「胡氏哥斯式印刷機」，已達到三十二頁的報紙，每小時能有印二萬五千份的速度，此後印刷術的進步還是日新月異。

目前所用的捲筒機實在是天才的創造。它先把紙張潤濕，送入滾筒間，兩面印刷，切報，摺報，黏工，包工，數工。同時容納四個以上的捲筒紙，「單筒的」（兩頁闊），或是

「雙筒的」(四頁闊)裝「雙筒式」捲筒紙四個的印刷機稱爲「八倍機」，裝捲筒紙三個的稱爲「六倍機」。此外可有所謂「複式八倍機」，和「複式六倍機」，可裝六個或八個「雙筒式」捲筒紙。一九三七年秋「泰晤士報」裝了最新式的「胡氏印刷機」，於同年十二月二日起使用，這新式印刷機長一百廿二呎，高若小屋。每小時滾筒能轉兩萬轉。全部滾筒每一轉，每一單位能印八頁，九部摺報機每部每小時能摺四萬份，九部同時用，能摺三十六萬份。

這種複雜的龐大的印刷機裝在鉅大的鉄架子上，附有自動的捲筒紙台，換捲筒紙時不必停頓。每一捲筒紙重三分之一噸，紙長五哩左右。捲筒紙台上裝足時，可裝九十個捲筒紙。這樣廿四張報紙，每紙厚千份之三吋，切，摺，送出，每秒鐘可出十一份。動力則爲電汽。

★　★　★　★

如果排字還是用手來排，那末印刷過程的加速還是沒有用的。約翰，華脫早已看到，報業的急切需要便是排字的加速。他發明的「連排字」便是針對這需要的。可是他的「連排字」是失敗了，在英國，似乎早在一八二二年便有用機器排字的企圖，但一直要到五十年以後，才有實際的機器排字。

眞的，排字的進步非常遲緩。自十五世紀發明活字排版術以後，一直到一八六八年至一八七九年間，「泰晤士報」除採用德人凱斯德本 (Kastenbein) 發明的排字機以外，便不曾有過比用手排更好的方法。

困難的所在是在排字的本質上。最早的印刷者都是自己鑄字的，降至近代，則都取給於鑄字所。鑄字的第一步便是在一塊好鋼的一端刻上一個字母，再加煉，使之堅硬，成爲一個鑿字器，每一副字母裏的每一個字母，都要各有一個鑿字器。這些鑿字器的「面子」處理得應該非常仔細，務使每一副字的每一個字母在高度，闊度，和體積上互相符合。鑿字器認爲完善了，才鑿入一塊光滑的銅面上，銅面再由「檢定人」檢定，務使銅面上「面子」的高度闊度互相符合。每一塊銅面鑿入字母以後，便稱爲「鑿子」，檢定以後，稱爲字模，鉛字便是在字模上鑄造出來的。

一直到十九世紀的後半葉，鉛字便是從這些手製的小字模上鑄出來的，一個熟練的工人，每小時大約可出四百個字母。字模分爲兩部，各相緊密配合，字面在其中，還要留一個長條子的地位，作爲鉛字的身子。鉛字的身子跟它的面子一樣重要，正像印刷術的其他部份一樣，它也有各種專門的名字。每個鉛字的身子必需是長方形的，否則便沒有用。鉛字的一邊及其底部必需刻上凹槽，使排字者認請，不致倒置或歪置。沒有這條凹槽，排起來便要慢上一倍。

鑄字所供給一副鉛字時，是放在盤子裏的——架起來便稱爲架子。各類鉛字都分門別類地分開放着。架子上面放着大寫字，下面放着小寫字，大寫字的盤子是一樣大小的，小寫字的盤子則有五十三只，大小不同，要看用字次數的多寡而定。譬如e字一只盤子，是最大的。一個排字工人每小時至少要拆一千五百字，所以各隻盤子的大小都要相稱。排字時每行都有鉛線隔開，還有一根欄線，是限定每行長短的。排字工人左手握着拆字器，右手的拇指和點人指拆下鉛字來。

鉛字拆下以後，便放在一隻木盤或鉄盤裏，然後用油墨滾上去，打出校樣來，先給印刷所校，校後再送到編輯部去校。

從刻模子到拆字有這許多痲煩，所以數世紀來想以機器代替人工拆字始終不曾成功。發明排字機的人首先想把原來的鉛字排起來，可是不行，至少在商業上是不合算的，因爲要把機器排成的行數排齊是困難的事。事實上確曾發明過幾種能排單字的機器，可是要排齊的時間和回字的時間所費太長。於是排字的發明家想到了一種新的念頭，他們想造一種有字模的排字機，能自己鑄單字或行頭。但這方法也有它的缺點。單以排字而論，這方法是對的。因爲一張日報紙要有幾架這樣的排字機，便能在很短的時間內排好許多行數。唯一的缺點是迅速和經濟是達到了，但印刷的質量是差了。錯字在多起來，又因爲錯了一個字，便要改鑄一行，一個字改正後，地位有了變動，又要改鑄好幾行，因此排字機在理論上是經濟的，但在實用上並不經濟。有幾家報紙對於小錯誤，置之不理，於是用排字機的報紙，錯字多於用手排的報紙。而且排字決不能像手排活字那樣高低悉稱，誰也担保不了沒有新的錯誤隔進去，而且容易整行地放錯地位。

當「泰晤士報」一鼓勵凱斯德本研究排字機時，他沒有想到這許多困難。那時還沒有發明整行排的排字機。其原理是將各個字放在一個倉裏，祇要鍵子一撳，便能隨時排下去。這種機器每小時能排二百九十行，大的有一萬七千個字。但問題是在排好以後，必需將鉛字重新放到排字機裏去。回字的機器也想過了，可是最好的方法還是把用過的鉛字重新鎔過，鑄成新字。「泰晤士報」編輯部人威克斯（Frederick Wicks）發明一種鑄字機，能把「泰晤士報」所有一次用過的鉛字鎔下來，重新鑄成新字。靠着凱斯德本的排字機，和威克斯的鑄字機，「泰晤士報」便每天能用新的鉛字印刷，一直到本世紀初發明所謂「單字鑄字機」，「行頭鑄字機」爲止。

這些機器的發明，一部分是由華脫氏家族對於印刷術發展的鼓勵所致。「泰晤士報」爲什麽總是印刷術的先驅者呢？一個理由也許是該報售價雖爲每份三辨士，但銷路要比其他各報大得多，這情形一直繼續到一八七〇年以後。有此關係，該報力謀印刷迅速，可以多印份數。「泰晤士報」的銷數祇有二萬份時，印刷方面還是深感不速，一直要到出版當天的傍晚才能完全印好，可是那時的「泰晤士報」祇有四頁一大張。在一八二五年至一八五〇年間，有好幾張報紙創辦起來，如「標準報」(Standard)創刊於一八二七年，「每日新聞」(Daily News)創刊於一八四五年，可是「泰晤士報」始終別樹一幟，聲譽未墜。到一八五五年，它已銷至五萬份，別的報紙沒有超過七千五百份的，有的報紙甚至連這半數都不到。甚至到一八六六年，「泰晤士報」雖然售價三辨士，但仍日銷六萬六千份，這售價要比「每日電訊」高得多，因爲「每日電訊」每份僅售一辨士，但「每日新聞」終以售價特低，而在平民間打下了基礎。

「每日電訊」於一八五五年報紙印花稅取銷後創立的。它開始售價兩辨士，三個月內便失敗。那時還欠了承印的印刷公司老闆李凡 (J. Moses Levy) 一筆印刷帳，於是這報紙便由李凡來接辦。這位李凡先生不但是一個能幹的印刷家，還是一個天才的報人。他把原有的「每日電訊」變成一張四頁的大報，售價一辨士。也許他懂得羣衆是寧願少出錢，而不顧到報紙的內容的。「每日電訊」雖然不是英國第一張售價一辨士的報紙，但在倫敦要算是第一家。它以平民爲爭取的對象，平民便是比較不苛求內容的，而過去各家報紙對於平民便不曾多費力爭取過。每份三辨士和每份一辨士，其間相差過鉅，讀者是决不能長此漠視的，而且李凡和他的兒子（本漢勳爵一世 The First Lord Burnham）還能找到一批優秀的編撰人員，而以著名的編輯與文人安諾特(Edwin Arnold)爲主筆。該報不但以價廉吸引讀者，而且漸漸顧到內容方面，他們還不惜金錢，採訪獨特新聞，供諸讀者。「泰晤士報」犯了一個毛病，即自視爲一「國家機關」，而看不起其他的報紙，但「每日電訊」便以此爲殷鑒，於是它的銷路漸漸地超過了「泰晤士報」，雖然它的政治影響較小，但在國內外也佔得了一個位置。

★　★　★　★

但「泰晤士報」仍能在印刷技術和文學水準上保持其崇高地位。在一九〇八年至一九二二年間，北岩爵士取代華脫氏而鼓勵印刷術的發展。一九〇八年有一種行頭排字機發明出來，稱爲"Linotype"，有許多報紙都採用了，但它有不少缺點。因爲有這許多缺點，美國有一個發明家蘭斯頓（Talbert Lanston）便又發明了一種單字排字機，稱為"Monotype"，發明的原理完全不同。他把鑄字部分跟排字部分完全分開。排字時一有錯誤，便可以手來改正，因為排字方面又回復到手排時代的水準。單字鑄機每分鐘可鑄字一百六十個，當然比行頭鑄字機來得慢，但錯誤可避免不少。

由於這機器的發明，行頭鑄字機的發明家不得不想法改進其字模及鉛字的種類。於是另有一種綜合排字機出現了，稱為"Inlertype"，也是根據行頭排字的原理，但各部分製都標準化，任何附件都可以加裝上去，排字機本身的範圍和適應性也大為增加。結果，今日有不少報館都同時用三種排字機，要迅速排字的時候，便用行頭排字機，綜合排字機，慢一點無所謂，但需要隨時改正的場合，便用單字排字機。例如「泰晤士報」，有三分之一的排字機是單字排字機，三分之二是行頭和綜合排字機。仍有一小部分是用手排的。

讀者不要以為一張報紙的印刷是否優良，全是選擇和管理機器的問題，排字的工人還是有他的地位。若干年來，寇蒂斯君（Cyrus H. K. Curtis），即美國「星期六晚郵報」和費城「公衆紀事報」的老闆，曾要求參觀「泰晤士報」印刷部。他以為「泰晤士報」的印刷是「優秀的，悅目的」，他奇怪着，「泰晤士報」怎麽能做到這地步，他想親自去看一下。他自己的「星期六晚郵報」，每週銷三百萬份，是全世界印刷最精良的刊物之一，該報備有各種最新式的機器。

寇蒂斯在「泰晤士報」的印刷部裏不曾看見特別新穎的機器。因爲參觀一番以後，他的疑問更深了。他問排字房領班，有否新的東西是他所不曾看到的？那領班囘答說：「我們從來不讓一架排字機或電力鑄字機發生障礙的。任何機器，祇要出了一點小小的毛病，便拿出去修理。我們從來不讓一架機器或其一部分出毛病的，或任其年久月深用壞了，以致工作成績不良的。」寇蒂斯承認這也許便是他所欲找求的祕密，但他懷疑着美國的報紙是否願意這樣做，因爲美國人的習慣總要把機器用到舊得不堪再用了，才以新的機器補充。正像印刷在手工時代有其藝術一樣，管理機器也有其藝術，管理得好，自然有益處的。無論是報紙雜誌，其印刷精良，一半是由於機器好，一半還是由於機器的管理好。

## 第四章　發行與廣告

一般人總以爲一張報紙的銷數，可以表示其內容受人注意的程度。其實這情形，在十九世紀中葉以前，大體上是對的。例如「泰晤士報」雖售三辨士一份的高價，但在克里米亞戰爭時期仍能日銷七萬份，在以後的二十年中，也始終能站住六萬份的銷數。「泰晤士報」雖較「每日電訊」等一辨士報紙售價高出許多，但仍能長時期在讀者數上，抵制它們。可是時間一長，一辨士的報紙便漸漸地銷過它了。一八九六年哈姆斯華斯爵士創辦「每日郵報」，在報業界發生一個革命，若干年後，又有「世界新聞」(News of the World)出現，每期銷達三百萬份，於是這種舊式的估計標準便失去其不少價值。在本世紀最初的十年中，「泰晤士報」的銷路跌到四萬份以下。但是它的勢力要比銷路較它高出十倍廿倍的「每日郵報」爲大。因此以銷路估計一張報紙的勢力，便顯然有錯誤的所在。

還有人以爲一張報紙銷路愈大，廣告收入亦必愈大，這種說法也有錯誤。廣告登在報紙上，效力如何，至少有一部分須視其讀者之購買力如何而定。一張報紙，銷路雖然不廣，但它的讀者「質素」較高，則其廣告效力，必較銷路廣大，但讀者都屬貧苦階級者爲高。但像

「每日郵報」那樣，銷路旣大，讀者又是化得起錢的，那末銷路的數量和質量便全有關係了，其廣告刊例之加價，乃意料中事。

在英國，報業的主要收入便是廣告收入。有的國家，報紙的開銷不能與發行收入相抵，免不了要受官方，工商界，甚至外國的津貼。由此看來，英國報紙之以廣告收入爲主要經濟來源，還算是健全的。英國報紙，其廣告收入與發行收入佔的比例，各不相同。有的報紙發行收入佔總收入之半數，或在半數以上，有的則僅佔五分之二。但也有一些報紙，發行收入合成本的三分之一還不到，其餘的三分之二全靠廣告收入，盈餘更其不必談了。

據英國「政治經濟計劃委員會」的「英國報業報告」，英國某大報，每日出廿頁，銷二百萬份，報紙之每年總支出爲三百萬鎊，總收入則爲三百四十萬鎊。在收入項下，廣告費佔一百八十萬鎊，發行費佔一百六十萬鎊。從這數字來看，該報發行收入已超過每年總支出之半數。但在該報預算表中，支出項下尚有卅萬鎊『推銷宣傳費』，十萬鎊『讀者保險費』，由此看來，一百六十萬鎊發行收入還得除去以上兩筆費用。這樣一來，發行收入已減到一百廿萬鎊，亦卽僅佔總支出之百分之四十，我想英國其他各報發行收入的比例總與此相差無幾吧！因此廣告收入便要佔成本的百分之六十，如有贏利也全是廣告上的收入。廣告收入之重要，於此可見。

哈姆斯華斯爵士想把報紙的銷數跟廣告費作一數學的聯繫，於是在英國報業上發生一個革命。正像其他的革命一樣，這種革命的影響並不全是好的。他的「每日郵報」銷路日增，廣告價目亦與日俱增，因此他又想到，銷路大便增加他的勢力，不但增加其財產而已。值得驕傲的一天終於到來了，他在倫敦到處貼着「每日新聞日銷百萬」的標語。由於他的報紙的發行機構健全，以及在新聞事業上全無價值的替定戶保壽險等噱頭，「每日郵報」的銷路繼續增加上去，快要達到二百萬份的時候，他便取消「日銷百萬」的口號，想以「日銷兩百萬」來代替。

可是他自己和他的弟弟及繼承者羅塞米爾爵士都不曾看見「每日郵報」日銷兩百萬份。日銷兩百萬的數量上的光榮，要等皮佛勃洛克爵士的「每日快報」(Daily Express)和奥特漢(Odhams)主持的「每日先驅報」(Daily Herald)來享受。北岩爵士爲了打擊他的競爭者，竟採取了另一步驟，這步驟，在作者看來，對於英國報業大有損害。他主張登廣告的客戶，化了錢總不能化得冤，因此他請會計師公佈「每日郵報」及其所有的其他各報的實銷份數，這樣他可以強迫他報同樣公佈其銷路，免得廣告客戶認爲化錢化得冤。

這種辦法，在北岩想來，也許是商業上的一種公平交易，但人類的動機決不如此簡單，他的所以出此，也許只是想壓倒同業，向客戶證明，祇有他是正直無欺的。既然正直無欺，廣告費自然應該加了。假如他能夠看到這種「公佈實銷數運動」的結果，那末他對於這運動的價值勢必會發生懷疑，決不至這樣看重了。誰都不及他那麼知道，廣告太多的報紙，決不是一張自由的報紙。他深信一張報紙，如果要保持其獨立，則必需視廣告客戶僅爲售貨人，不能任其決定政策，或以大幅廣告破壞報紙版面之美觀。他不會看到你公佈實銷數字，我也公佈實銷數字，結果合流爲廣告大客戶足以鞭撻新聞事業，而報紙成爲「富商大賈」的御用品。

★ ★ ★ ★

關於「公佈實銷數字」一點，我還想說幾句老實話。廣告本來是一種單純的商業行爲。報紙供給多少廣告地位，讓工商界登廣告，保證其廣告能送到讀者的眼前。報紙既然靠廣告收入來開銷和贏利，那末廣告客戶化錢而不寃，也是當然之事。在限度以內，這想法是對的，但這限度應該仔細規定和堅決保持。廣告客戶靠報紙，報紙靠廣告客戶，但在客戶方面一律要求「公佈實銷數字」以後，他們原來所要求於報紙的保證便漸漸失去了。而且大家一注意銷路的價值，足使廣告客戶拒登銷路不廣的高級刊物，因此而把若干最佳的虐殺了。近年來英國高級刊物具有數育價值者，夭折者特別多，這未始不是一個原因。

北岩爵士的「公佈實銷運動」的後果之一便是視銷數爲廣告價值之主要尺度，如果銷路最大的報紙收費最大，像「每日郵報」可以對封面廣告每日取費一千四百鎊，而廣告客戶接踵而至，那末其他的報紙也可以設法增加其銷路，而同樣收其漁利。

這情形果然發生了。廣告客戶和廣告商都要求「公佈實銷數字」，以爲這樣是便宜的。於是那些所謂「大衆化」的報紙便替客戶保險，送贈品，甚至用了推銷員來向家庭主婦等人挨銷，祇要她肯定上一兩個月。這種推銷的結果之一，便是失去了廣告的效用，因爲許多定戶祇知道替他保險，報紙是不看的，還有一些讀者買了五六份報，目的在求獲得獎品和贈劵。這樣，廣告還有什麼用呢；

★　★　★　★

廣告業現在以數學爲基礎，被若干固定的規則限制着。廣告客戶是根據廣告地位的大小和廣告地位的是否顯著，按幾時幾欄，每千份來計算廣告費的。每時每欄的廣告地位，在「泰晤士報」是三鎊，在「每日快報」是六鎊十先令。在某種特別地位，可定特別價目，全頁和半頁廣告也可定特別價目，同樣是半幅地位，上半幅的價目高於下半幅。全幅廣告價目爲四百鎊至一千鎊。「每日郵報」的第一頁仍定一千四百鎊，「倫敦日報」第一頁可供刊載鉅幅廣告者，目前僅此一家而已。「每日郵報」這價目能維持多久，尙在未可知之數。它不再要求公佈「實銷總數證書」了，報紙銷路短時期的昇降，各報並不因此而修改價目，廣告客戶由於北岩爵士「公佈實銷總數運動」的教訓，懷疑報紙銷路縱有大跌，亦必瞞過他們。在這種情形下，報紙可以給客戶一個特別折扣，而不變其原來定價。再有長期客戶，大量客戶，都可以給予特別折扣。布店的廣告定價特別便宜，因爲可以吸到婦女讀者，其本身便有「新聞價值」，是可以增加讀者的。普通報紙總是按廣告定價打一個九五折給客戶。

根據每欄每吋的定價，由於報紙讀者的不同，其影響亦有不同。我在上面說過，「每日快報」每欄每時定價六鎊十先令，「泰晤士報」三鎊。但以「每欄每吋，每千份」的基礎來計算，則「泰晤士報」僅銷廿萬份，「每日快報」銷二百四十萬份，「泰晤士報」的廣告定價要高得多。又如「每日電訊」日銷六十五萬份，每欄每吋定價五鎊，「每日郵報」與「每日先驅報」每欄每吋定價六鎊，但前者僅銷一百五十萬份，而後者銷路有二百萬。這些定價的差異，我們祇能以各該報紙讀者購買力不同來解釋。

廣告客戶和廣告商都是容易受欺的。譬如甲報「實銷數字」爲一百萬份，乙報僅銷九十五萬，他們便以爲前者的廣告效力一定勝於後者。如有某報藉「代讀者保險」，「贈品」，「獎劵」，推銷等之助，而達到日銷兩百萬份時，廣告客戶便以爲這報紙一定了不起。他們似乎不願承認，所謂廣告不過是一種羣衆心理的賭博，而無一定的數學原則可尋的。

★　★　★　★

廣告商和廣告客戶都是「商人」，所以對於「公佈實銷數字」和希望「日銷百萬」的狂熱足以降低報紙水準一點，也許會漠然置之，他們祇希望登了廣告，貨物會賣得多。假如「每日郵報」的封面廣告比他報更能吸引衆多的顧客，那末「每日郵報」的讀者一定多的是旣有金錢買東西，又有看廣告習慣的讀者。這些商人還會辯說，他們不願在具有教育價值的高級刊物和嚴肅刊物上登廣告，這不能怪他們，因爲它們的銷路不及日銷百萬的報紙，而且夠得上讀嚴肅刊物的知識分子，恐怕未必會像一般人那樣有讀廣告的興趣，或是相信了廣告，去買登廣告的物品。總之，生意經是生意經。要說是錯，何必怪大衆呢。

大部分的報紙，一份便不會祇有一個讀者。高級的報紙，其實際銷數也許僅及最大的「通俗」報紙之什一，但每份報紙的讀者也許要超過「通俗報紙」不少。例如一份「泰晤士報」，讀過的人一定比一份「每日郵報」，或是「每日快報」為多。因此「泰晤士報」無論在數字上或是知識上都有一種「質」的銷路。其他的較高級報紙，例如「每日電訊」，「孟卻斯脫衛報」(Manchester Guardian)，「約克郡郵報」(Yorkshire Post)，和「格拉斯哥先驅報」(Glasgow Herald)的情形也約略相似。已停刊的「晨報」(Morning Post)也是這樣，雖然廣告客戶如能理會這一點，「晨報」也不會停刊了。據筆者所知，有一種高級期刊，銷路僅在萬份左右，但每一份讀者平均有十人，有幾期甚至每份有三百個讀者。在圖書館裏，這樣的刊物簡直讀得破爛了。可是廣告客戶再也不會考慮到這情形，而只迷信着「實銷數字」。堅持這原則而為害於嚴肅的刊物，實在是本國的不幸。

這種為害，也許不能責備那些廣告大客戶。因為他們大都是將廣告事務交給廣告主任或廣告商辦理。這些人當然歡喜弄少數幾筆大賬，而不歡喜弄許許多多小賬。這樣工作便不會繁劇，掮客也可以多賺一點佣金。因此廣告商便虐殺小報紙和小刊物，而專和大報往來。據我看來，這一二十年來，英國整個報業品格和素質的低落，廣告業實在要負重大的責任。他們甚至希望若干心滿意足的報紙在社論裏替他們「吹噓」，他們要把自己的廣告放在「讀物的旁邊」，使讀者的眼光不致逃出廣告。他們利用各種方法來影響報紙，使它有利於己。他們幾時才能懂得職業上的道德責任呢？

我常跟日用品的製造商和大廣告客戶談起這件事，我向他們建議，大批廣告費不能僅交由廣告商來支配。假如他們的貨物因爲羣衆爭購而賺錢，那末他們對於羣衆便有若干義務。因此他們在每年所化的廣告費中應該撥出一部分來，譬如說百分之十吧，惠及教育人民而不僅以娛樂人民爲目的的刊物。否則，高級的刊物祇有餓死。好生意不常是短視的生意。

★　★　★　★

報攤與報販，不論是個人的或是公司形式的，在報紙雜誌的分銷上佔着重要的地位。至於規模較大的書報社，贏利甚鉅，因爲他們是利用他人的資本來賺錢的，這實在是一種賺佣金的職業。這些大規模的書報社向書報發行所取了書報來，用卡車送到火車站，分發全國，各報爲這一份發行工作以每份定價的三分之一作爲打去的折扣，再加五厘佣金。倫敦各報，除「泰晤士報」外，現在都賣一辨士一份，每廿七份紮成一捆，每捆批發價爲一先令六辨士。讀者買這廿七份報紙，要付出兩先令三辨士，但其中有三分之一，即九辨士，是作爲派報人的開支和贏利的。派報人跟報館是按期結帳的。可是買報的人却大都現付，祇有若干報販每星期或每月收費。大部分的錢都付到書報社的手裏，他們便以此爲流動資本，慢慢地付給報館。全國性的晨報事實上每欄祇得一先令五辨士模樣。

這種派報的制度似乎剝削過甚，但各報要自己辦發行，比利用這制度還要化錢，於是這制度便有它存在的理由，再者，若干大報究竟有力量，聯合起來，足使書報社不致要求過分。可是經濟能力較弱的報紙和比較高級的刊物都不能享此制度的便宜。有這樣的一個雜誌，我們可以舉個例子。

這刊物的老闆不滿意其發行情形。原來約定的書報社的書攤上，故意把他的刊物掩蓋着。經過調查之後，報販告訴他，如果他願出一筆特別費用，那末這書報社所屬的報攤便特別多拿出幾份來「陳列」。費用出過以後，「陳列」的手續也經過了一個時期，那刊物老闆以爲也許此後可以不必再繼續「陳列」了，於是他停止致送「陳列」費。書報社方面便起而報復，不但停止定購特別「陳列」的份數，而且減少原來所定的份數，因此報攤上拿不到這雜誌，除非向書報社「特別定購」，但要讀這刊物的人便好幾天買不到這雜誌。

再者，書報社向出版者應付的書款益來益不正常了，每次總要少付百分之四十，爲什麼要少付呢，書報社的說法是「手頭尚有存書」。刊物老闆再度調查以後，便發覺這百之四十的書款是被書報社扣留了，預防他毀棄前約，不寄書給他。於是他寫信給書報社，老實不客氣說明了，扣留他百分之四十的書款，便是不信任他，所謂「手頭尚有存書」一點，不過是口實，其實是書報社方面想永遠活用這筆資金，但書報社只是不理他。刊物老闆決心想把這事試一下，於是又建議，由出版者在銀行裏存一筆款子，數目要比百分之四十的被扣爲大，作爲担保金，保證繼續寄書，但有兩個條件：第一，以後不許有「手頭尚有存書」字樣，一律付淸；第二，存款利息仍由出版者收取，但本金未經書報社同意，不得動用。

書報社斷然拒絕這建議，於是刊物老闆明白了。原來他的刊物批給報社，先照定價打一個六三折，書報社方面還要在刊物份數上佔便宜，譬如明明是十三份，硬說是十二份，刊物賣掉以後，報攤繳來的實數中它還要扣一成佣金，最後還要把書款扣留百分之四十，說是「手頭尚有存書」，這樣的書報社，如何肯接受刊物老闆的建議。

★　★　★　★

所謂新聞事業，其「營業方面」這許多黑幕，上面都已說過了。對於這種黑幕，略加披露，也許是有一點益處的，也許可以稍稍革除這種幕後的陋習。一張報紙，它想保持廣告收入，又不想跟書報社「鬧翻」，那末它是不大會有勇氣來暴露這種職業的黑幕的。但唯其如此，報業的廣告和發行方面的黑幕更需要人來揭發。一個新聞記者對於有關公衆利益的事，應該知無不言，因此我說了。

關於發行，也得闡明一下，發行數字不能僅視作客戶的保障，而得視爲一種估計報業眞正影響的方法。在某報業公司集團中佔着重要地位的大老闆，不久以前說過，銷兩百萬份不過是一個「營業問題」。他的意思是：如用各種勸誘方法——都與新聞事業本身無關——任何一張「大衆化」報紙都不難達到日銷百萬的目的。這句話從某報業鉅子的口中說出來，當然有一個道理的。這便是說，一張報紙要能擺盡噱頭，吸引一兩萬讀者，那末廣告客戶自會來替你付開支和重大的贏利。當然，這報紙是必需「通俗」的，而將它大部的「評論」地位，登載獎品競賽，電影明星，「色情」圖畫一類羣衆所歡迎的東西。它必需有比賽，競獎，廉價奉送書籍之類。總之，不能顧到新聞事業本身，而祇能競尙低級趣味。這些報紙是否能影響讀者，跟報紙的銷路無關，它不能多登眞正有價值的東西，或是教育讀者，和影響讀者意見的東西，因爲惟恐讀者覺得討厭，因此它不能不時常「變口味」，從而滿版變成垃圾箱。

但卽使在「通俗」報紙之間，也有例外的。譬如「每日快報」，日銷兩萬份以上，但它的發達是以合法的新聞事業做基礎的。有時它刊載眞正的消息，比別人快，比別人充分。它所不歡喜的新聞，既不久不發表，更不故意隱藏，別報時而爲外國宣傳所利用，它却能加以抵制，而且特別派人去採訪，報道眞正的消息。這樣的報紙當然應該成功。「每日快報」在正當新聞事業上已有不少成就，其流爲低級報紙，未免可惜。

比較正當的新聞事業的成功，最近則有「每日電訊」，自由前「貝萊集團」領袖的卡姆洛斯爵士接辦後，銷路日增。該報售價一辨士，因此和「優待定戶」，「奉送贈品」的「通俗」報紙機會相等了，但它並不採取諸如此類的方法。它不但刊載充分的消息，而且還刊載一些定價兩辨士的「泰晤士報」上的東西。它奪去了「每日郵報」的不少讀者，自於一九三七年合併「晨報」後，在它銷數六十五萬份中，至少保持了十萬個前「晨報」讀者。「每日電訊」，如能採取獨立的公衆政策，那末，它也許可以保持無可比擬的勢力。它有自己的「靈魂」，它能成爲一張眞正「領袖」的報紙，其素質可與各大地方報如「孟却斯脫衞報」，或「約克郡郵報」相頡頏。

「泰晤士報」的銷路爲定價所限制，一向如此，於今猶然，報紙的讀者對於一張好報的售價，是最吝嗇也沒有了。一九〇八年北岩爵士控制「泰晤士報」時，售價三辨士，銷路不滿四萬份。在以後的幾年，他以豐富的頭腦，想盡各種方法來增加銷路，而不減其售價，他所採用的方法中，包括「明朗化」，甚至在某些方面，眞的改進了報紙的內容和版面。他努力了四年，但結果還是失望。一九一二年，「泰晤士報」售價減至兩辨士，銷路便增加一萬份左右。經過這次試驗以後，他多少相信了售價的高低是增加銷路的關鍵。一九一四年春，他決定將「泰晤士報」的定價減至一辨士，這樣便可以和「每日電訊」與「晨報」競爭。（那時「每日郵報」及其他的所謂「通俗報紙」僅售半辨士）他相信這是一種危險的賭博，結果不是「泰晤士報」壽終，便是「每日電訊」或「晨報」正寢。同時他不相信「泰晤士報」的銷路會永遠超過八萬，儘管它定價一辨士。他以爲這想法絕對不錯，甚至跟他的屬下打賭。結果他是完全輸了。「泰晤士報」改售一辨士的第一天，便銷六十五萬份，連印刷都來不及，幾星期後，銷路確定了，在十六萬五千份左右，這銷數要超過「每日電訊」和「晨報」不少。

一九一四年八月世界大戰爆發後的幾個月中，各報銷路增加，售價一辨士的「泰晤士報」有時超過三十萬份。可是新聞用紙的價格也增加了，於是各報不是加定價，便是縮篇幅，或是一面加價，一面再縮篇幅。半辨士的報紙變成售價一辨士，一辨士的報紙改售兩辨士，有一時期，「泰晤士報」定了一辨士半的尷尬價錢。同樣定價兩辨士的時候，「泰晤士報」的銷路總是超過「每日電訊」，但「泰晤士報」用的報紙是特種白報紙，成本較重，後來不得不改定老價錢三辨士，但「每日電訊」只用品質較劣的報紙，因爲仍售兩辨士，這樣，「每日電訊」的銷路又超過「泰晤士報」了。

最有趣的是報紙售價的變化對於銷路的影響。甚至於民間錢多，在前綫和後方的兵士都有餘錢買報的時候，「泰晤士報」每漲半辨士，銷路便跌三萬份。到戰爭結束時，「泰晤士報」雖然售價三辨士，仍有十二萬份銷路，幾乎要比以前定價三辨士時增加一倍，但顯然地，和平時期一到來，售價不得不酌予減低。早在一九二二年初，北岩爵士突然將「泰晤士報」售價減低一半，囘到一辨士半，即較「每日電訊」便宜半辨士。售價這樣大減，在經濟上是暫時損失的，但銷路日增，每天要加六萬份，在一九二二年年底前，已增至卄萬份以上。後來漲價，改售兩辨士，於是銷路再跌，跌後又漸漸恢復過來。根據一九三六年「泰晤士報」供給「英國報業概況」作者的數字，當時該報銷數爲一九五，八四三份，售價兩辨士。又據「英國報業報告書」所載，「泰晤士報」在一九三七年日銷一九二，〇〇〇份，「每日電訊」則爲六三七，〇〇〇份。

「泰晤士報」售價兩辨士，銷卄萬份，「每日電訊」售價一辨士，便銷六十五萬份，由此看來，報紙的銷路，售價實爲主要因素。如果售價相等，內容相等，則「泰晤士報」決無銷不過「每日電訊」之理，或者還可以多銷幾份。在這大量生產的時代，英國報紙每天要銷一千一百五十萬份，而比較有教育意義的報，如「泰晤士報」與「孟却斯脫衞報」，竟以售價關係，而銷路不振，豈不大可哀哉！

★　★　★　★

如果我們以爲報紙的主要功用，是在告知，啓發，和教育公衆，那對近代新聞事業上的另一發展就得考慮一下。五十年前，英國的知識階級靠月刊和季刊獲得有關學術科學的知識。這些刊物定價雖然高，但銷路廣大，决非今日辦刊物者或至今尚存在的辦刊物者所敢夢想。譬如月刊中之「十九世紀」，「現代」，「兩週評論」，季刊中之「季刊」，「愛丁堡」，都能羅致第一流作家，而惠予優厚的稿酬。我們祇要想起一八八五至一八九〇年間，格萊斯東和赫胥黎對於「聖經磐石」之爭，格萊斯東在「十九世紀」上對於H·華特夫人的「勞勃脫·埃姆米爾」一書的評論那種熱烈光景，便不勝今不如昔之感。天才報人故史蒂特氏(W. T. Stead)知道這些固然有好文章，但售價太高，廣大的讀者羣却無力購買，於是他創辦「評論之評論」(Review of Reviews)，售價僅六辨士。不到幾年，該刊便日銷八萬八千份之鉅。

今日的情形已爲之一變。日報跟期刊搶登「特寫」，由於銷路廣大，可賺大錢，日報對名作家所出的稿費，高級刊物縱不遭廣告客戶之漠視與敵視，亦決不能望其項背。而且日報刊載作品，要比期刊快得多，可使作品不致失去其時間性。日報縱有這許多優點，但在斟酌內容與書刊形式之便於保存方面，仍不能取期刊而代之。準是而論，則期刊之逐漸遭受排擠，實爲一大損失。

有些新式的報紙，主要在美國，它們想彌補永久性的作品與具有時間性的作品間的罅隙，於是兼辦「雜誌」。在這一點上，它們要比英國大多數的報紙聰明。新聞記者和報紙老闆往往以爲一般人只歡喜一些庸俗的無聊作品，至於對正當的作品，大衆是沒有胃口的，其實是估計錯了，譬如「聽衆」週刊，專門轉載「英國廣播電台」（B. B. C.）的廣播，結果銷路甚好，這是一個證明。也許有一天會有天才的報業家懂得較好的新聞事業已經開闢了一個相當的園地，而願意在通俗日報上培養這種趣味。如有此日，實爲英國報界之幸。

# 第五章　新聞事業之商業化

一九三七年五月下旬，英國「帝國報業公會」在倫敦舉行年會，會中有幾篇演說是值得注意的。主要的是報業前輩史班特（J. A. Spender）對於新聞事業的一篇分析。史氏担任「威斯脫敏斯脫公報」（Westminster Gazette）主筆時，對於英國輿論的影響，超過本世紀來任何一張夜報的主筆。

他的話可以代表舊有的新聞事業，所謂舊有的新聞事業，即不忘報紙不受官方約束，與不負公衆託付的原則，新聞記者受此託付，才在社會上有他的特殊地位。史氏的演說跟克拉克（Tom Clarke）演說中有幾段成了強烈的對比，克氏曾任北岩爵士的「每日郵報」的新聞編輯，「新聞紀事報」主筆，和倫敦大學實用新聞學系主任。

克氏先說近代的通俗報紙是本世紀發生的報業革命的產物，他懷疑這次革命的成果是否像參加革命者所想像地良好。因爲，他說，「我們看見報業變成了英國的一大工業。」他又說，他接到過一封信，不稱他爲倫敦大學實用新聞學系主任，而稱他爲「商業」新聞學主任。他承認這一稱錯得非常巧妙，他說：

「老實說，我想目前也不會有別種新聞學了，我敢說，我參加的報紙，我總幫他們在商業上成功，說這句話，我一點也不覺慚愧。總之，在商業上失敗，總也不見得好，我的意見跟人不同，我總不相信報紙的商業化有什麼壞處，我想我們可以這樣說，報紙的商業化，不論對於大衆，或是報業，都有好的，用不到自欺欺人。」

克氏又說到有一次「每日電訊」的勞遜上校（Colonel E. F. Lawson）對他新聞學班上的學生說過的話。原來當時有兩個一知半解的學生在演說，據克氏說，這兩個學生「依然相信新聞工作是改造世界的一種理想的十字軍。」於是勞遜上校便說：「我想報紙正像西區的時髦女人一樣，她們所注意的是“figures”（可作「體態」解），而不是“Morals”（道德）。

這種報紙商業化的情形，對於編輯部的地位影響極大。他以爲舊式的所謂編輯，全倫敦恐怕不會超過三個人——同時他以爲這次報紙革命中的主要現象便是在報紙的權力和控制上，逐漸由編輯部移到經理部來。這種新報業的算盤，是和別的工業打得不同的。一張報紙的首要責任固然在供給可靠的及第一流的評論，但在營業上最注意的，則顯然是廣告的價值和新聞用紙的價錢。報業已高度機械化了，舊時由編輯部獨斷獨行的局面是不能維持了」。

克氏以實用新聞學家主任的資格，曾作如下的露骨的聲明：「今日的編輯，跟初期的編輯，最大的不同點在於前者必需對其他部門具有正確的，同情的理解。他一任主筆，便得邀集發行部和廣告部負責人來商議一下。前者懂得一般人所歡喜的是什麽，怎樣和那裏去找材料來供給他們。後者雖不干涉純粹的編輯事務，但會設法保持版面的平衡，而幫助避免那種可笑的事。卽如汽車肇禍新聞放在一張汽車廣告的旁邊。一張報紙，雖然由廣告部供給一半材料，但主筆還是要全部負責。」

在一個自稱新聞自由而人們也相信新聞是自由的國家裏，這是我所聽到的對於「商業」新聞學的最率直的描寫了。克氏對於所謂「通俗的」，要股息，分紅利的新聞工業的果實，我不敢說他是否正確，我祇想指出一點，卽以爲此項定義可以包括記者，編輯，甚至報紙老闆的全部責任者。我要求他們想一想，他們對於公衆義務的觀念是否需以新聞自由原則之存在爲先決條件，或是要向他們問一句，他們是否在促成另一次報業革命，結果會使他們成了名實相符的股票的奴隸。

★　★　★　★

對這問題思索以後，史班特氏才發表他銳利的眞知灼見。他說：「假如我是一個德國人，俄國人，或是義大利人，有人問我，新聞記者，在我國內的地位怎樣，我便會回答說，根本沒有地位，我不曾坐監牢，進集中營，已經是萬幸了。史氏又說：「報紙的地位是政府本質的基本試驗之一，可是報紙的地位竟在這麼多的國家裏降落到如此地步，這是我們任何人，包括政府和負責外交的官員在內，都得思索一下的。歐洲的半壁沒有自由發表意見的工具，因爲他們的統治者可以決定一切，於是這半壁歐洲便與其鄰邦斷絕了道德的、知識的和政治的接觸，當我們新聞記者想到我們的地位時，我們必需根據這背景來考慮。

這種情形在歷史上是不大有的。譬如中世紀的帝王，教士，以及其他的獨裁者對於他們所認爲危險的思想，當然要拒之於千里之外的，但他們沒有拒絕的工具。傳教的托缽僧可以週遊列國，名師學者到處講學，他們的拉丁文的著作是每一個國家的特權階級所閱讀的。這樣人們便有一個共同的思想和輿論的泉源，就是最專制的國家，也能使知識的源泉不致枯竭。古代最大的新聞記者伊拉斯墨斯（Erasmus），可以遊歷歐洲各國的宮廷，到處演說，他的著作書簡爲有識之士所共賞，伊拉斯墨斯如果生在今日，又將如何？我想近代的獨裁者如果看見伊拉斯墨斯來了，一定把他拘禁起來。」

史班特氏繼續說，全能國家新聞自由的絕滅最能使新聞仍稱自由的國家的新聞記者了解新聞自由的功用。他引述法國作家兼共產主義者紀德（M. André Gide）的一本書，紀氏在這本書中說到看見俄國的人民完全不知道別國的事，於是便有一種自負的心理，這種心理，在紀氏看來，簡直是不可信的。他們只以爲本國的東西要比外國的好得多，他們不再學外國語，因爲外國沒有什麼東西可學的。據紀德說，這是由於官方報紙（除了官方電台以外）是唯一的報紙，每天只講好話，跟這不同的便稱之爲惡意的謊言。

同時，他們所代表的外國報紙的編輯必需記得，他們雖然在本國說了老實話，但他們派在獨裁國家的記者可能因此而遭人訪問，報紙上如果有什麼不合獨裁國家脾胃的文字，他們每一份報紙都被扣留。因此駐在這些國家的記者祇能應用一種祕密的文字，採用一種隱晦的字句，祇有細心的專家才懂得它們的眞意，而一般讀者是看了莫明其妙的。

害處尙不止於這一點。全能國家的政府常說願與新聞比較自由的國家保持和平與友誼。因此外國報祇如有批評它們，或是刊載不利的新聞，它們便認爲足以「妨害友誼和危害和平」。再者，自由國家獨立的及消息靈通的作者對於全能政府有所批評時，他們的外交使節便立刻通知各該報紙的老闆或編者，這些作者「惱怒了」獨裁者，因此便是危險分子。全能國家的政府還會邀請這些報紙的老闆，編者和作者，到它們國內去觀光，建立所謂「個人的友誼關係」，和促進「親善」。它們覺得可看的東西，便給他們看，不可看的東西當然不給他們看了。這些訪問者囘國以後，大都總覺得，全能制度已爲他國的人民所「接受」，因此效果不錯，雖然他們還不相信全能制度是適合於他們自己的國家的。

全能國家便是利用這一些手段，來限制外國的批評，而不致引起公衆的怨恨。希特勒甚至公開要求過英國報紙應由政府控制，至少要控制得不許批評他自己或是納粹德國。他還恐嚇英國，如果這一點做不到，那末會予以「國社主義的答覆。」英國報紙强硬答覆他的不祇一張報紙；但也有一些報紙，雖有高傲的傳統需要維持，可是竟婉言相周旋，以息希特勒之怒。他們忘記了對付暴徒，孱弱是罪惡。

獨裁政府利用壓力與姿態間接控制自由國家的報紙，對於自由國家的危害，更爲厲害。由於缺乏充分的情報，自由國家的輿論便無從指導政府或國會，而輿論不能影響政府時，輿論的自衞力量便失去了。這樣陰謀便得到了鼓勵，自由國家的部長如敢起而遏抑全能國家的野心，那末獨裁者的間諜們，及其外國的傀儡便得造謠中傷，無所忌憚了。他們會散播謠言，說這些部長如果在位，便妨害了本國與全能國家的邦交。結果這些部長也許會以「妨害國際協調」而被逼辭職。最近英國便有一位部長是在這種情形下辭職照准的，恰巧在他去職的一天，某外國的獨裁者公開指責他是一個缺乏判斷的低能兒。此事當然是英國的奇恥大辱，但在這以前，「自由」的英國報紙久已淪爲「商業化」了。

★　★　★　★

史班特氏於一九三七年在「帝國報業會議」中致辭時，不能把宰割新聞自由的惡果全部說出來，因爲有的惡果，他當時還看不到。不過他指出一種重要的變化，即獨裁主義的影響可改變政治原理的危險性。他說，不論我們的意見如何，我們必得考慮到一個事實，即嚴正的人們，甚至在本國亦然，對於施政的方法，抱着另一種主義，而這種主義是與新聞自由的原則不相容的。不但右翼的政客抱着這種主義，左翼的政客亦然。右翼方面，因爲怕革命，所以說「計劃政治」，或是「根據法西斯或納粹形式的計劃政治」等等花樣；左翼方面呢，他們以爲政府是萬能博士，視政治爲專家的事。他們以爲政治是一種科學，其原理與方法祇有專家才知道，因此不能讓無知識與非專門的平民來干涉專家的事。但是政治是一種藝術，不是科學，這是一種千變萬化的藝術，缺陷甚多，必需隨時適應人類和人類思想的趣味，需要，與興趣的變化。我們必承認了這一點，才有自由觀念可言，才有言論自由和新聞自由可言。史班特氏說，假如我們承認政治是一種藝術，那末新聞自由才能爲自由國民的需要，風格，與心情的變化發言，而有助於此種藝術的適當的應用。新聞記者如能忠誠履行其任務，其地位是崇高的，鞏固的。反過來說，如果我們只承認政治是一種一成不變的科學，其原理祇有少數專家知道，那末自由的新聞記者只是一個自視甚高的無事忙者，而報紙的叫囂祇能妨礙政治的推進。

筆者在這裏要插入幾句話，我以爲不是僅此而已。英國以及英帝國的人民向來以爲政治是一種藝術，而不是科學，但僅僅抱着這觀念還不夠，英國的報紙還得靳求，同時脫離國內的與國外的束縛，而獲得應有的尊敬，始與其在自由社會中正當的義務與崇高的地位相符合。假如報紙妨害個人的自由，爲要尋求「人情味的故事」，以增加銷路或其「商業」的繁棨而發人隱私，那末便拋棄其尊嚴。如果報紙成了機械進步或「新聞工業」龐大資本的奴隸，那末縱有廣大的銷路，分發大量的股息，但它的靈魂是受了損害了。

史班特氏以五十多年老記者的身份，承認現在的新聞事業，較諸他初入新聞界時要「有效」得多。他說：

「不論在平時或戰時，採訪新聞的努力，採訪記者的能力與勇氣，從海陸空三方發行的成功，今日的新聞業確有特別的成就，若說我們日常的工作是沉悶的，機械化的，而竟以取娛讀者爲能事，每天供給讀者以各式各種的噱頭，像我們最成功的許多報紙那樣，這也不是正當的抱怨。予公衆以公衆所需要的，是正當的目標，祇要供給的東西貨眞價實。

以正當的方法，增加正當的娛樂，祇有煞風景的頑固分子才會板面孔。但我們要說到新聞記者的地位時，那末我們應該記得，他的崇高與權威所以高出於他人，是由於相信報紙是輿論的牛耳，而能無所畏懼地，公正持平地批評國際情勢。如果不能做到這樣，那末新聞記者那裏還有高於其他業娛人者的地位呢？」

史班特氏在這裏所說的，又是一針見血之言。提供言論與提供新聞是有別的，在過去，由於新聞事業之提供言論，英國報紙才有其權威。那時報紙所注重的是政治，即公衆的事務之謂。可是現在報紙上談政治的文章逐漸少下去。從前的報紙經過長期的奮鬪，才獲得刊載國會辯論的權利。現在各報都把國會報告縮短了，甚至加以割裂，在銷路最大的報紙上，甚至難得登國會的新聞。應該登言論的地位，變成了口號和標題了。評論的作者由於地位太少，無從評論起，他必得直截爽快下了結論。五十年前倫敦出版的七家晚報（大都是言論報紙）現在只有三家存在，但這三家中間，沒有一家夠得上稱爲言論報紙的。可是這些舊時的晚報，銷路雖然不足道，但是產生過偉大的記者，如格林伍特(Greenwood)，摩萊(Morley)和史蒂特(Stead)等，其言論震動全國，甚至全世界。

所危險的是這種新聞記者現在不願再以新聞爲職業了。現在的情形如此惡劣，近代報業上的政治新聞很容易完結。史班特說，假如他能有一個理想國家，那末他會不許任何報紙的銷路超過三十萬份。現在我們祇有一份的，那時我們便會有四份或五份，現在我們祇有一種的，那時我們便會有四五種。

★　★　★　★

據我看來，史班特這種理想的限制還是解決不了問題的。限制了報紙的銷路，它還得設法開銷過，問題是在今日的言論報紙能否設法開銷過？因爲報紙機器生產的費用極高，發行困難，而且現在的讀者所要讀的是一些圖畫，零星的短文，「人性故事」，明星起居誌，足球賽，以及職業門拳家的賺錢等等，言論報紙在經濟上能否站得住，大成問題。關於這一點，史班特在他的鉅著「生活，新聞事業與政治」第二卷中，有極明確的證明。當「威斯脫敏斯脫公報」在史班特編輯時期，英國沒有一張晚報比它在內容和管理上具有更純正的新聞事業精神了。就是在日報中，至少也是極少數夠得上它的。可是「威斯脫敏斯脫公報」的銷路從來不曾超過兩萬份，祇有在一八九九年至一九〇二年南非戰爭時，才到過兩萬五千份，在第一次世界大戰時到過二萬七千份。這報紙從來入不敷出。這報紙經營三十年間，一共蝕去五十萬鎊左右，每年損失的數目自五千鎊至一萬五千鎊不等。有一兩年幾乎要收支平衡了，可是由於低級報紙的競爭和成本的提高，還是蝕本。後來該報改爲日報，與「每日紀事報」(Daily Chronicle)合併，那時的情形是：如果繼續原有作風，那末每年要蝕二萬鎊。

這樣一張高級的言論報紙爲什麼不能在倫敦存在呢？我們的回答便是該報的社評是放在第一版的，它所着重的是政治，內容則以誘導和啓發讀者爲目的。它的讀者祇是國會開會時的一些官吏，和若干願意思索的嚴肅的讀者。因此它的對象祇是少數人，而毛病便出在這少數人竟少得這樣可憐。要維持這樣一張報紙，便得有讀者，而這樣的讀者在倫敦不會超過五萬人，在英倫三島不會超過十萬人，但在這種有力的讀者中，每張報紙至多祇能吸引三萬人，但這數目使不能多收廣告費來開支，就是把發行收入也加上去，還是不行。所謂「通俗報紙」，公佈實銷數字的，在廣告客戶看來，自然更有吸引力了。

此外還有發行的困難。一張嚴肅的言論報紙，開銷不夠自然買不起送報車來送報，於是祇能靠經常的定戶，而經常的定戶是不會多的。史班特在他的鉅著中提出一個疑問，便是言論報紙的維持問題是否眞正無法解決的。他引述一向重視「威斯脫敏斯脫公報」的北岩爵士的話來支持他的意見，即言論報紙的維持問題並非無法解決。北岩爵士說過，如果「威斯脫敏斯脫公報」由他來辦，那末他便會在六月中，使它賺錢，而不變更其性質與政治的內容。因爲由他辦，他可以不必另租房子，他自己有很好的發行機構，可以代爲發行，他手下還有許多推銷員，可以叫他們去推銷。但到這一天，他是否願意不改變其性質，那是一個很大的疑問。史班特相信大量生產的「通俗」報紙的老闆可以辦一張言論報紙，而且使它賺錢，但一旦賺了錢，他是否還會讓它繼續成爲一張言論報紙，而不使它成爲另一張「通俗」報紙，那是一個疑問。在全世界人口最衆範圍最大的都市倫敦，竟不能有一張言論報紙存在，史班特覺得這眞是夠悲觀的。他說他有時夢想辦一張報紙，純粹以發行的質量，而非數量見長，並向廣告客戶保證，該報每天的銷數决不超過十萬份。

★　★　★　★

至於我，總覺得通俗報紙的老闆决不會辦一張言論性的報紙，如史班特所夢想的那樣。一張言論報紙的價値需視其言論的性質而定，但眞正的言論必需由具有堅強的頭腦，深刻的信心，和有力的性格的編者或社論作者來發表。然在今日，報紙老闆便獨怕具有堅強性格的編者和社論作者。他們喜歡用的是一班職業文人，不論他們自己採取何種見解，這班文人便會發表這種言論，而不致舛誤。從前的報紙老闆常顧到言論的自由——即報紙爲了公衆利益，敢說敢言，不受政府干涉之謂——不但顧到言論自由，還顧到自由本身，以爲自由本身是一種美德。可是今日的報紙老闆便不再看重自由的本身了，那裏知道他們把經濟的或「商業的」利益來束縛了自由，他們便在毀滅新聞自由，和破壞公衆的自由。由於他們「經濟」利益的重大，他們便易於接受某種學說的影響，即保衞私人財產較之保衞自由本身更爲重要。像蘇、德、義那樣完全箝制言論的自由，他們也許並不贊成，但他們决不肯喚起讀者，要求他們注意到：言論遭受箝制對於民主國家的自由文明和新聞自由是何等重大的危險。

關於報紙在蘇聯的地位，我們已經說過了。這只是全能國家政府的一種工具，有如德義之例。至於英國報紙，德國官方作家格倫培克博士（Dr. Max Grünbeck）曾經寫過一本書，叫「英國的報業」，此書曾經當時的納粹黨對外新聞處長漢孚史丹格博士（Dr. Erust Hanfstaengel）核准出版，格倫培克在本書的結論中，曾對英國報業作如下的看法：

「特別在近年來，英美的報人和政客自稱英美的報紙是絕對自由的。如果「新聞自由」係對國家的自由而言，那末這句話大體上是對的。可是近代的英國報紙在經濟上依賴商人的程度甚深，我們如果考慮到這一點，那末這句話便完全不可靠了。英國報紙若要賺錢，完全有賴於廣告的收入，因此廣告客戶便變成了報業的獨裁者。但是這班商人的勢力往往是祕密的，完全自私的，不受任何方面節制的，因此他們的勢力實在要比國家的勢力危險得多。同時，今日英國整個通俗報業便是在經濟上完全依賴廣告的一個最顯明的例子。因此廣告客戶對於報紙的影響，其有效正不亞於國家之限制新聞自由。譬如羅塞米爾爵士系各報方支持英國的法西斯運動數星期，各該報的廣告部便羣起反對，終於把這一立場打消了。這種報紙編者的經濟的依賴性，卽使在商業性報紙上，也同樣存在，卽以報紙不受國家控制一點而言，也不見得如想像中那樣絕無限制。國家自有許多方法來限制報業的自由，特別在危機時期，它可以援用「國家祕密法」一類陳舊而早已被人忘記了的法律，予報業的自由以重大的限制。

英國報業的獨佔化，嘗一度啓人疑慮，但這種疑慮卽使不曾完全實現，大部分的英國報紙已經非常可憐相了。雖然它們有的是高超的技術，多樣的內容，但都沒有用。往日英國報紙所有的領導輿論和影響輿論的權力是動搖了……英國報紙的知識水準，尤其是過去曾享盛名的倫敦第一流報紙，都低落得厲害。知識水準果然低落了，但這些報紙也有桑榆之獲。譬如銷數是大得驚人，錢是賺得極多，股息着實可觀。正由於這一點，達斯潑利蒙（Paul de Sury d'Aspremont）在他「歷代的報業」一書中發表這樣的見解：「一個民族的靈魂應該在它的報紙上表現出來的，可是報紙只在少數金融巨頭的手中，這不但不能指導一個民族，反而因腐化而可能殺害其靈魂。」巴爾扎克說過：「報紙應該是一座神龕的，可是變成了一種工具，因爲變成了工具，又變成了一種商業。」這幾句話對於英國的報業是說得再恰當也沒有了。」

★　★　★　★

該書作者下此斷語，一部分也許由於痛恨羅塞米爾系各報的廣告客戶竟對英國的法西斯運動不予支持，因而廣告客戶至少在這一點上是有助於保衛新聞自由的良好目的，作者的用意果然如此，但其批評，則凡屬頭腦公平之觀察家，實不能指其爲全然錯誤。此種批評不論其如何恰當，但我們最好的回答便是英國的報紙還保有刊載此種批評的權力，但在蘇德義的國營報紙上却無法刊載同樣性質的批評，這是對於蘇德義等國內情况的最適當的批評。至於我們自己方面，則必需考慮「商業化的報業」是否能成爲自由的新聞事業，如果不能，那末報紙的自由和經濟獨立如何能保持，而不向商業利益低頭。因爲這是我們政治和個人自由問題的重要的一面。

# 第六章　新聞採訪

報紙以採訪和供給新聞爲職責。新聞是怎樣採訪的，這是一個複雜的故事。採訪到了新聞以後，怎樣處理是另一個故事。大部分報紙的新聞來源有二。普通的和例行的新聞採自通訊社，另有解釋性和批評性的新聞則由各該報紙的國內外記者採訪和供給。

根據通訊社的歷史所示，其分發普通新聞的工作已經非常組織化。但獨立的報紙決不能單靠通訊社的新聞。因爲通訊社的新聞是供給每一家定戶的，不分彼此。因此每一張大報必需自己僱用採訪新聞和解釋新聞的人，這樣才使讀者覺得有獨特的消息可看。

獨立性的新聞採訪的藝術是一件奇怪的事，就是最成功的男女採訪記者也說不出一個所以然來。他們必需具有的是一種本能，一個「鼻子」，一種新聞的「嗅覺」，這種本能運用起來，他們自己也莫明其妙，正像動物應用嗅覺時一樣。他們「感覺」到一種形勢，於是採訪。也許要靠運氣。當筆者担任記者工作時，非常幸運，時常得到轟動國際視聽的「大新聞」，但我並不曾去找它，或是預先有特別計劃去找它。新聞之來，全然是信手得之。一個新聞記者的興趣愈廣，這種信手得之的機會愈多。

我們可以舉一兩樁事來說明這一點。一八九五——六年當我在巴黎大學讀書時，同時在法國國立圖書館研究德國和中歐的自由思想，在這圖書館裏另有一個研究者介紹我一個人，是他的一個表兄弟，一個法籍猶太人賴柴萊（Bernard Lazare），薄有文名。賴柴萊對我說，他正就十五個月前特萊福斯少校（Captain Dreyfus）以法國軍事祕密供給德義而被判流刑的事，在寫一篇批評文章。特萊福斯雖然竭力說無罪，但結果還是被判流放魔島服苦役，這是法國最壞的罪犯流放地。賴柴萊將所有的證據一一研究以後，發現特萊福斯實在無罪。於是他立刻將他的論文送我一份，左拉（Emile Zola）便是讀了這篇文章，才寫出他著名的「我控訴」那篇論文的，而使這法國和國際大危機有「特萊福斯事件」之稱。

這次「特萊福斯事件」有着反猶情緒的胚芽。那時法國的反猶派曾以此爲資本。他們說，如果有人以爲法國的軍事法庭判決了一個無罪的人，那便損害了法國陸軍的榮譽，負責判決的軍官都是教會方面的人，曾利用天主教會的勢力來反對重審。法國的猶太人和反教會的人都要求重審。此外還有許多希望探索眞相的一般人士。雙方的爭鬥劇烈異常，一般人以爲威脅了法國的基礎。替特萊福斯辯護不會是損害「陸軍的榮譽」和「國家的安全」，又因爲特萊福斯的「賣國行爲」有利於德義兩國，因此這危機具有危險的國際性質。

當然，我對這事是很有興趣的。一八九八年八月底，「特萊福斯事件」到處成爲熱烈的談資，但正在這時候，俄羅斯沙皇邀請歐洲列強在海牙開和平會議。那時我是「泰唔士報」的羅馬特派員，一八九八年八月三十一日，我謁見義總理畢洛克斯將軍，詢問他對於俄皇邀請的意見。不料畢洛克斯竟以此事不足重視，輕輕略過，只是說：「今天報紙上有更重要的事——法國的亨利上校在巴黎被捕了。他是主要的賣國者之一，至少，特萊福斯的被判流刑，便是由他之故。特萊福斯是無辜的。」這使我大吃一驚。

他的話正是全世界在等候着的新聞。我記得審判特萊福斯的時候，畢洛克斯將軍正任義大利陸軍部長，他也許知道他這幾句話的重要意義的，只是在無意中透露出來，讓我獲得「大新聞。」果然，這成了「大新聞」。明天亨利上校在獄中自殺了，要求重審特萊福斯的呼聲更其高了。

又如在一九〇七年五月間，我跟一位外交家玩高爾夫球，他在發怒時給了我最重大的新聞。他對我所寫的某一段新聞大爲不滿，以各式各種笨人的名字來稱呼我，後來爲了證明我的笨，他透露了驚人的祕密。原來那時正有一個外交陰謀在進行着，想孤立英義兩國，拉攏法俄兩國與德奥匈聯合，粉碎一九〇四年的英法同盟。我將這情報間接地採用了，而且措辭非常當心，以免連累告訴我消息的人。結果引起了最重大的外交風潮。但這陰謀是打破了。陰謀者祕密調查我消息的來源。他們追得很緊，使這位不謹愼的外交家不得不在他的正式報告中爲自己剖白，他竟說得知這消息，是我供給他的！這一個文件現在當然還保存在某大國外交部的檔案中，足供將來的歷史家研究。

還有一個例子，發生在一九〇九年三月十九日，那時我是「泰晤士報」駐維也納特派員。由於一九〇八年十月奥匈帝合併波斯尼亞和赫賽哥維那兩地，歐洲的危機已達頂點。戰爭似乎是不可避免了。奥匈軍隊在東南國境向塞爾維亞動員，在東北國境則向俄國動員。奥匈帝國王儲斐迪南大公爵兼陸軍巡閱使，那天晚上正預備離開維也納，去担任對塞爾維亞作戰的指揮。整個歐洲，甚至整個世界，都在注視着局勢的發展，深恐奥匈一與塞國開戰，將引起歐洲大戰。

我在義大利工作時，還注意到梵諦岡的神學論戰，在這論戰中，有一個稱爲「近代主義」的神學思想運動在形成着。因此我跟若干著名的義大利神學家和牧師發生了接觸。其中有一位曾於一九〇八年春到維也納一家義大利教堂裏去講過幾囘道。次年他介紹了我另外一位義大利教士，他也是到這裏來講道的。我對這位教士略盡地主之誼，使他生活得相當舒適。他預定於一九〇九年三月廿日回義大利，爲了要向我辭別，約定在十九日下午五時來訪我。我請他來訪的時候不要過晚，因爲我在下午六時有工作要做，恐怕不能見他。

可是他竟來遲了，我頗有惱意。他多方解釋，他說他在下午參加一個宴會，主人是維也納的教皇聖使，紀念教皇的「命名日」，可是竟給這宴會躭擱了。聖使自已和其他的賓客也被斐歇神父躭擱了。斐歇神父是一個很有勢力的耶穌會士，他是斐迪南大公爵的長老。這位義大利教士告訴我這次宴會的情形，巧得很，他說後來斐歇神父來了，忙着爲遲到而說抱歉，聖使便搶着說，「目前戰爭一觸卽發，斐歇神父被斐迪南大公爵留住了，」他是很能諒解的，斐歇神父聽了這句話，便說：「不！不！戰爭的危險已過。大公爵剛才對他說，一切都可以和平解決，他也不預備到前線去了。」

這位義大利教士並不曾知道，他透露給了我非常重大的消息。他還是繼續嘮叨着，後來我暗示，我有要公待辦，才算把他送走了。於是我明顯地拍了一個私人電，和比較晦澀的公事電報給報社，我深信戰爭危機已過。我記得斐迪南大公爵是一個非常虔誠的教徒，他如有眞心話要說，祗有向斐歇神父才肯說。

我想曾經不犧牲其獨立態度而設法獲得過「大新聞」的人，都可以從記憶中舉出類似的例子。「新聞」是必須苦幹而以各式各種的方法來搜集的，但在多方面接觸生活的人，常會不期然而獲得新聞。　北岩爵士所以能夠購入「泰晤士報」大部分股票，是由於獲得一個新聞，而這新聞之所以能獲得，便是由於他愛好音樂，能欣賞彼得萊夫斯基的天才。有人邀約北岩爵士到「史都華——胡脫萊飯店」去聽彼得萊夫斯基的鋼琴演奏。但是那天晚上大霧迷漫，他祇能打電話去道歉，說不能來了。主人勸他設法赴會，因爲彼得萊夫斯基預備奏幾支北岩爵士所愛好的曲子。於是北岩爵士祇得摸索着到「史都華——胡脫萊飯店」去，他在那裏碰到一個熟人，告訴北岩，他正經手將行將破產的大中央鉄路公司和密特商鉄路公司合併。北岩爵士因此向他道賀，於是他又說，還有更驚人的事已經發生——破產的「標準晚報」已與「泰晤士報」合併，由披亞遜（C. Arthur Pearson）任經理。北岩爵士利用這情報，在英國的報業史上造成特殊的一頁。

★　★　★　★

眞正的採訪記者便是以這種方法來採得「大新聞」和「獨特新聞」的，眞正的採訪記者和馬路採訪記者的區別便在這裏，後者專門跑政府的新聞處和議會走廊，跟官方人士和外交家「保持接觸」，希望時常能得到一點消息。眞正的採訪記者有時也能得到一點獨立性的消息。可是跟官方關係不融洽的記者往往不及肯低聲下氣的記者，在採訪上往往被遺棄在後面，這情形現在一天比一天普遍而絕對了。以駐外記者而論，如果發了爲駐在國政府所不喜的新聞，便有被處罰和驅逐的危險。如果眞的碰到了麻煩，他們自己的報紙能否強力支持自己的記者也是一個疑問。近來果然有過幾件輝煌的例子，表現了報業的勇敢，但相反的例子也不少，結果使克苦耐勞，具有良心的採訪記者覺得他們的報紙只看重孱弱的小心翼翼，而不看重服務公衆的大無畏精神。

勇於報道眞實的採訪記者在本質上較諸採訪「大新聞」和「獨特新聞」的更有價值，更有地位。報紙個別採訪之異於通訊社的大量採訪，便在這裏。但通訊社也有其不可或缺的任務。它們源源不絕地供給各報以經常的新聞，正像糧食的供給，使全國人民得以生存一樣。正像一般人不大注意運輸糧食的船隻一樣，一般讀者對於註明「路透社」「新聞聯合社」一類的通訊社新聞總不大注意。這些通訊社所供給的新聞都是一種普通的新聞，那便是說，只報道事實的表面，而不會暴露其內在的意義。但一般讀者所讀到或聽到的新聞，十之八九都是這一類新聞。「路透社」的總裁瓊斯爵士(Sir Roderick Jones)曾經講過通訊社起源和發展的故事，現在由筆者來扼要重述一下。

★ ★ ★ ★

「通訊社觀念」的種子來自東方，東方人的消息常在市場裏傳播的，有時很快而準確，東方人至今還有這種習慣。古代的東方商人經常從中東和近東到中歐的大城市裏來，通訊社的觀念便是他們這樣帶到歐洲來的。最初大規模採訪和散播新聞的專家，在歐洲是十四世紀奧格斯堡的福格斯家（Fuggers of Augsburg）。到了十六世紀初葉，福格斯家成了中歐的商業大王，成了東西方的聯絡站。他們在商業上的成就，得力於一種新通訊制度；他們比別人早得消息，這使他們發了大財。三個世紀以後，弗蘭克福，維也納，巴黎，倫敦的洛斯却爾特家（Rothschilds）也是這樣。倫敦洛希却爾特對最早獲得惠靈吞在滑鐵盧戰勝拿破崙的消息，因而大發其財的故事，在歷史上傳爲美談。當時還沒有電報，他們傳遞信息，靠的是一種傳信鴿制度。

在十九世紀的上半世紀，「泰晤士報」常獲最早的消息。「泰晤士報」之所以著名而有權威，大都得力於此。但在十九世紀中葉，德國開塞爾城有一個年青的猶太人叫裘理斯·路透(Julius Reuter)的，有了辦通訊社的念頭，結果使他成爲通訊社事業的先驅。他見到德國的銀行家和商人做生意全靠巴黎證劵市場的一張行情單，這張行情單每天由白魯塞爾送來，用以運遞的是遲緩的郵件馬車。那時法國的電報線通到白魯塞爾爲止，而德國的電報線則起自亞欽城。路透看到這一點，便在白魯塞爾與亞欽城之間建立一種信鴿傳書制度，因此路透能比別人早幾個小時把巴黎證劵行情送到德國各大城市。

最初這是一種純粹的報告商業行情的通訊事業，並非新聞通訊。後來路透獲利不少，於是壯了他的胆，決心擴大其通訊範圍。他看到德國分裂成許多小邦，事業發展有限，於是遷居倫敦，在市中心租了一間小小的寫字間，一心效忠於英國。起初也是祇辦商業行情通訊，結果不差。後來忽然想辦新聞通訊事業，將國內外的政治新聞，以及有關一般人的消息供給各報社。

起初英國各報不相信路透的消息，不願化一筆稿費，甚至作爲各報特約通訊的補充資料都不願，路透的事業受到阻礙。那時他便跟另外兩國猶太人聯絡，一個猶太人在德國設有通訊社　另一個在法國設有通訊社，都與官方和商業方面有密切關係。在德國的猶太人叫華爾夫（Wolff），即曾經一度著名的「華爾夫通訊社」的創辦人，在法國的叫哈瓦斯（Havas），他是一個匈牙利種的法籍猶太人，著名的「哈瓦斯通訊社」的創辦人。一八五九年七月十五日，路透，華爾夫，哈瓦斯三人成立協定，關於歐洲的新聞由華爾夫和哈瓦斯來分担，路透則負責採訪英國及世界其他部分的新聞。這份協定底下簽着 Julius Reuter, A. Havas, R. Wolff)三人的名字，至今還掛在路透社的辦公室裏。

根據這協定，路透有獨家採用華爾夫和哈瓦斯的歐洲新聞的特權，而華爾夫與哈瓦斯有採用路透社關於英帝國和世界其餘部分新聞的特權。華爾夫，哈瓦斯又與奧國，西班牙，義大利等處的官方通訊社和半官方通訊社訂了類似的協定。但這些新聞常帶有當地政府的色彩，於是路透自己特派記者到這些國家，以及世界其他重要城市去採訪新聞。但這些記者奉命不得重發半官方而自動分發的消息，而必需採訪獨立的消息，愈接近事實愈好，不得加以個人的詮註和解釋。

今日世界聞名的路透社便是這樣經營起來的。一八六五年該社改組爲有限公司，路透任總裁。路逝透世後，由路透之子繼任總裁。路透之子死後，由瓊斯繼任。瓊斯於一九一五年改組該社，成爲一私家信託公司，資本達五十萬鎊以上。這樣一來，路透社便不致淪於普通商人之手，而瓊斯則被任爲該社全權主席。按瓊斯在南非戰爭時曾任路透社特派員，頗有成績。十年以後，路透社的最後責任又劃給另一通訊社，即「新聞通訊社」(Press Association)，爲聯合王國各內地報紙所共有。

「新聞通訊社」（簡稱PA）採訪國內新聞獨一無二，一八七〇年創立，目的在使各內地報紙的水準能與倫敦的大報相等。一八七〇年以前，英國有兩家電報公司，採訪和傳播新聞，一八七〇年郵政局接收這兩家電報公司，採訪新聞的事又不能由郵政部來辦，因此各地方報紙以合作方式自己組織了一個通訊社，稱之爲：「新聞通訊社」。

路透社專門供給國外新聞，而「新聞通訊社」則供給國內各種消息，從國會辯論起一直到賽馬新聞。該社辦公室與倫敦各大報紙以及各大地方報紙的倫敦辦事處都有直接電訊可通，有人說，騎師還沒有下馬，該社賽馬新聞，已經送到倫敦各報了，可見其傳遞新聞的速度。

★　★　★　★

路透社和歐洲的各大通訊社，美國的合衆社和聯合社，日本兩家通訊社，以及加拿大，澳洲，紐西蘭的通訊社訂有特別協定，交換新聞。這些通訊社雖供給其國內各報以新聞，但每一重大新聞，不論其如何遙遠，都以電話或電報發到倫敦，因此倫敦成了全世界主要的新聞交換所。

各通訊社間的交換新聞制度，雖然嚴密而完善，但通訊社新聞與各報專訪的新聞，始終有着重要的區別。因爲通訊社是靠供給大批報紙以新聞而生存的，因此它有一種傾向，即將新聞寫成直敘事實，而不沾任何色彩。至於通訊社所僱的特派員，去採訪某一特別事件，或担任戰地記者，則別樹一幟，比較不受這一原則的影響。但一般而論，通訊社的主要任務在供給連續的事件紀錄，而個別報紙的記者則有在電訊中滲入個性的自由。近來通訊社的電訊稿也常帶着色彩了，這是事實。這一傾向祇要在紀錄新聞上明快而引人興趣，那末公衆便決無抱怨之理，祇要他們並不以新聞的正確爲已足。通訊社的記者寫着不署名而呆板的電訊，這固然使他們難受，但通訊社的記者還是不跟個別報紙的記者在生動描寫上爭勝爲是。通訊社的記者是新聞的採訪者和傳遞者，而不是新聞的判斷者或解釋者。個人的判斷和批評性的解釋也許在新聞的地位上較高，但通訊社記者無法充分享受這種權利也許是對的，這種權利應由個別報紙的記者來享受。

這情形便引起了一個問題，這是報紙老闆，編輯和記者一樣感覺到的。通訊社爲了搜集，傳遞，和分發新聞，每年所費在數百萬鎊之譜。任何一張報紙都不能單獨負担這樣一筆鉅款，縱使力能負担，也只是重複了通訊社所能供給的一大部分新聞。再者，向通訊社定新聞稿的稿費甚大，辦報正像辦其他企業一樣，要値得定才定。但通訊社的稿源總是私人記者也應該採訪的，而任何記者也難免有錯誤之處。新聞的來源愈係官方，完全可靠的成分便愈少。因此完全依賴通訊社新聞的報紙便易於淆亂讀者的視聽，在積極方面，給了他們具有官方色彩的新聞，在消極方面，不給他們政府所不欲發表的新聞。準是而論，則私人記者與通訊社記者之間，勢必發生一種競爭，這種競爭愈厲害，各報的處境愈困難，因爲通訊社的新聞網當然佈置得比報紙要廣大許多。這種競爭便是筆者所謂新聞的標準化與個別化之爭。

★　★　★　★

這競爭已有相當長久的歷史，但近二十年來，這種競爭中間已有一種新的因素發生，尤以英國報界的情形爲然。廣播電台每晚報告三四次新聞使「通訊社新聞」的傳遞較前愈廣，也較前愈速。聽衆聽見「路透社訊」，「新聞通訊社訊」，或「交換電訊社訊」等熟悉的聲音時，他們也許不知道他們所聽的只是「通訊社新聞」，明天還得讀各報的專訊，才有綜合的印象。根據過去的經驗，「英國廣播電台」(BBC)廣播的新聞，給人的原始印象，與明天各報所載，並無特別出入之處，因此「英國廣播電台」所廣播的新聞大體上可以說是正確的，這也許要歸功於「英國廣播電台」編輯部選擇和配置新聞的得當。對於廣播「通訊社」新聞這一點，我已留心了好幾年，我的意見是「英國廣播電台」廣播「通訊社」新聞，要比廣播每一家報紙的專訊或廣播自己採訪所得的新聞要確當和公正得多。

# 第七章　在編輯室裏

當讀者早餐時或是在報攤上拿起一份報來閱讀的時候，他再也不會想到報紙編印的過程是怎樣的，報社的組織是如何複雜。正像家庭女傭只知燒煤，不知煤是怎樣開採的一樣。筆者在這裏想把一家大報社的工作過程舉其大概，許多細節都略去了。這種所謂大報，普通是每星期發刊六天，有的國家發刊七天，因此這種工作便是日以繼夜地在進行着。

一張日報的最後一版上了印刷架子，在排字房裏和機器間裏的晚班人員停止工作後不久，報社的「白天」便開始了。在早上七時模樣，便有一位經驗豐富的記者在讀這份報了，並且把本報的內容跟他報作一比較。他應該注意到採訪昨天的新聞，他報比本報好在什麼地方，他報不及本報的又在什麼地方？有幾張可能漏了所有的重要新聞。有的報紙只把這些重要新聞放在預留的「最後消息」欄便算數。有的報紙的編者精明勤奮，拆散原有的好幾頁版式，把最新的新聞配置在顯著的地方，還加上適當的標題和引言。一張報紙要有這樣的精明的編輯，才會吸引新的讀者。所謂一分氣力，才有一分收穫。

當這位專門考核本報的記者完成他早晨的工作以後，便做報告，使編輯部各部負責人能夠知道本報的長處和短處在那裏。最先應予通知的是「日間」工作的採訪主任，他的手下有一羣外勤記者，特約寫作者，和駐在各埠和各國的許多特派員。他是這許多記者的神經中樞。他手頭有一張當日新聞日程表，如果要單獨去「跑」的，他便得派記者去採訪，如果並不重要，那末便用通訊社稿子好了。採訪主任的目標在使明天的本報愈「出色」愈好，因此他必得根據總編輯的方針和讀者的需要，而向外勤記者作各式各樣的指示。這種工作，一大部分是可以預先擬定的。除非他在別家報上發現了特殊的東西，或是電訊社發來的早稿有什麽消息，或是駐外特派員發來電訊有什麽特別事故，他才手忙脚亂，打電話啦，發電報啦，指揮特派員，特寫作者或專家去充分採訪，使得在明天的報紙上能與讀者見面。

過去，採訪主任是沒有名的，這一部分預擬和調配的工作是不注重的。祇讓各地特派員應用自己的判斷，他覺得應該拍電報的，便拍電報來。除非在外埠有重要的政治集合或演說，才派速記記者去，把要人的演辭逐句記下來，拍電報到報社裏。目前，這一些通常都由通訊社去採訪了。各報則採取美國報紙的辦法，即「多發指示，少收專電」的原則，這便是說，各報對於駐在外埠和外國的特派員，不需要他們多發電訊來，而多多發電去指示他們，告訴他們本報所需要的和不需要的是什麽，庶各地特派員既不致漏去應發的新聞，也不致多題目，也許你的見解還不及駐在當地的記者那麼深知內情。

發不需要的新聞。聰明的採訪主任還應該讓各地特派員有自作主張的餘地，因爲有時你出了

當採訪主任在這樣「動員」各地特派員時，經理部方面也在忙着。有一個重要的問題必先決定，便是明天的報紙應該出幾張？這問題通常需視廣告和新聞要佔多少地位而定。廣告少便少出幾頁，但頁數必需成雙，這是由於印刷的關係。如果廣告多，那末便得多出幾頁，但這裏還得權衡成本和編輯部的願望。內行祇要一眼看見一份報紙，便知道今天本報能否賺錢，因爲一張報紙在設備和新聞提供上，不能落人之後，所以有時明知蝕本，也只能硬着頭皮蝕本。明天所出的頁數決定之後，排字房和機器間的日班工作人員便爲晚間工作人員預備一切。捲筒紙裝上架子去，廣告分類，拼出樣子來，油墨預備好，如果明天的頁數特別多，還得預先跟打包間與發行部接洽好。

這種估計和預備只是暫定性質。一到晚上，廣告也許來得特別多，多了好幾欄，甚至好幾頁，那末明天便得多出幾頁，還要估計多給編輯部以篇幅是否值得。多出頁數，一切都要多預備，因此經理部和印刷部人員必需有可以伸縮的頭腦和手脚。

幾十年前，晚間編輯部的重要人員不到傍晚是不會到編輯部來的。他們從這時候開始，

除去進餐和休息的時間以外，便一直要工作到午夜以後。可是現在不同了，因爲外埠版必需在午夜以前印好，有時甚至在下午九十點鐘便印好了，因此上午便需要編輯部人員的工作。那末這是一種怎樣的工作呢？

編輯部的工作是無限的。一間編輯部是一個天地，猶如一個國家，甚至猶如一個世界。它是一個君主國，同時是一個共和國；一個獨裁國，同時是一個民主國。一個合作的場所，也是一個人努力的園地。各部門同時進行其工作，有時還要相互交錯。政治、經濟、文學、藝術、音樂、戲劇、商業、金融、農業、航運、體育、內政、外交、宗教、科學、工程、天文學、星象學、必需一應俱全。此外當然還要插圖，廣播節目和運動節目。這國的君主，或至少是首相，便是總編輯。一個外事編輯和幾個副總編輯是他的同僚和顧問。其他的同僚則有國內新聞編輯，國際新聞編輯，副刊編輯，本埠編輯，以及各欄編輯。比較不重要的是國內外新聞助編和記者，但也各有他們的天地。國會記者，國會休息室記者，和各欄的專門作家都有其特殊的地位。有幾家報紙，社論作者是另成一類的，與總編輯，副總編輯直接發生關係。他們的意見，常爲諸同僚所重視。

在編輯部各部分之間担任聯絡之職的是一羣信差，他們拿着電訊稿，校樣，和原稿送來送去。信差主任是一個非常重要的人員。

還有一羣「書記」也是舊時的編輯所不知道的。從前只有總編輯才用有一個書記，司信件和紀錄之事。但是由於近代新聞事業的速率和打字機的出現，每一家報紙都少不了一大批書記人才。因此現在的報紙都僱有一大羣年輕的男女書記，否則一張近代化的報紙是難以準時出版的。從前的排字工人以能讀任何原稿爲榮，現在大家都慣以打字稿來排了。排字機代替鋼筆興起以後，編輯室裏便不再寧靜了，効率上却是增進不少。除了書記們以外，有許多記者和社論作者也是慣用打字機的，但有時打出來的字竟有比原稿還要不清楚的。

編輯部竟會爲認清一份打字稿而喜，也會爲認不清一份打字稿而愁。投來的稿件和投書「讀者來函」欄的更能使一個編者有時喜，有時怒，有時感激，有時輕蔑。總編輯每天收到的信是很多的。除了他私人的函件以外——這也是很多的，性質可以從極瑣屑到極重要——每天可以收到數十封甚至數百封請求刊出的信件。這些信先由總編輯的私人祕書和副總編輯看過，首加分類，然後按其性質，分送給各部分的主任，請他提出意見。關於經濟的信送到本市版編輯那裏，國際問題送給國際版編輯，關於報紙政策的送給總編輯，關於科學，音樂、文學、氣候等等的送給各位專家。由他們提供意見之後，再送回給總編輯或是副總編輯；決定刊載與否。又因爲篇幅不多，有的信還得摘要刊出。如果是無法摘要的，便得退回給發信人，請他簡單化了再寄來。有許多信都是不值得登載，而衹能送進字紙簍的。但這裏有一條絕對的紀律，卽讀者來信不能經過「編輯」，或改變原信的字句。登不登隨編者的便。但他不能歪曲或改變投函人的原意。

因此每一家報紙對於讀者來信總是愼重處理的。一個讀者的意見如何，果然不必由編輯負責，但將這意見傳達或拒絕傳達給讀者却是編輯的責任。如果讀者的意見與報紙的政策不合，那末要仔細審別其是否宜於刊載。平常一個編者總是願意刊出與他意見不同的來信的，寧可再在社論裏提出異議。這不但由於編者有公正的觀念，而且由於讀者來信是該報的主要特色之一。稿費是必需付的，每一家報紙的預算表上都有這麽一筆支出。但讀者來信是不必付稿費的，對於讀者的興趣也許要超過付稿費的來論或特寫。

讀者來信的價值還不止於此。由讀者來信的多少與內容，聰明的編者便能推測到讀者的輿論如何。來信是責備還是稱許，是批評還是鼓勵，可以幫助編者了解報紙的讀者是否滿意。如有不滿，則由於誤解，偏見，無知，還是由於編者自己的錯誤？假如他有堅強的意志，早已胸有成竹，那末他決不會輕易討好讀者，而會從讀者的不滿，估計他所認爲對的將遇到多少反對之事。沒有一個編者是絕對不錯的，也沒有一些讀者是絕對不錯的。編者的任務爲服務公衆，有時由於公衆見聞不廣，他便得教育公衆，引導公衆，不管公衆是否願意接受。但反過來說，編者有時由於獲有特別和機密的情報，倒容易忽視了時局的粗枝大葉；而一般讀者祇憑常識判斷，倒比較清楚。總編輯和副總編輯的工作有時也許比首相和內閣閣員還是複雜，而需要更精密的判斷。

★ ★ ★ ★

報紙的政策，以及一些比較不重要的問題，都由報紙的高級幹部決定，但準備明天的報紙出版的經常工作却是普通職員遵照「管理當局」所定的範圍在執行着的。有幾張近代的報紙都仿照美國報紙的辦法，用了一個所謂「管理編輯」，在報紙老闆之下，獨裁經理部和編輯部的一應事宜。但在老式的報紙，最後的決定還在總編輯。譬如明天報紙的篇幅不夠，那末他便可以跟經理商量一下，堅持非擴充篇幅不可。普通明日報紙的計劃總是在下午舉行的「編輯會議」中決定的，參加的人有總編輯，經理，新聞編輯，和各部主任，「編輯會議」對總編輯很有用處。他可以藉此與他主要的同僚接觸，而予以鼓舞。那時他也許已有明日報紙內容的輪廓，以及國內外要聞的簡訊。祇有無能的或獨裁的總編輯才對這些事敷衍塞責，譬如給那一類新聞以多少篇幅，給另一類新聞以多少篇幅等等，而不使他的同僚明白其政策的用意。如果是能幹的編者，當然知道工作能否有效，須視其部屬之有無善意，因此他會將他所知道的告訴同僚，跟他們共商決策，歡迎他們的批評，一個辦法經大家同意之後，他們便會熱烈推行。這樣他便不致使他的同僚盲目地工作，每一部只顧每一部的事，而能使各部分都向同一的目標邁進，步調一致，生氣勃然。編輯會議的性質可以決定一張報紙之是否有生氣，或是沉悶與呆板。

編輯會議結束後，各部主任便各還本辦公室，有的去處理外埠版的編務去了，有的在處理函件，或是接見來客，也有的在校對稿樣。總編輯自己也有約會，不論是部長，大使，或是什麼探險家，還要跟社論執筆人研究當日的話題如何處理。總編輯有時覺得他必需自己寫一篇社論，因為對於某一問題，祇有他知道得最清楚。通常便是請一位社論作者就某一當日話題寫作社論。對付社論作者，最要當心。這是一些有所欲言，而能言之成理的人們，但有他們的脾氣和主張。他們是一些特殊的藝術家。第一流的社論作家決不願寫違背自己見解的文章，有人叫他這樣寫，那樣寫，他是最痛恨的。但總編輯如能開誠佈公，尊重他們的意見，而與之商量，他們却是歡迎的。編總輯跟這班寫作人的關係，正如一個樂隊指揮之於一個樂隊，指揮隨意叫他們奏什麼樂，他們决不會熱烈從事的。明天報紙一出，總編輯看見整個編排內容，無不恰到好處，絕無扞格，他才覺得昨天的一番努力，不是沒有酬報的。

這一切，都是費時的。而報館時間之可貴與管理完善的鉄路初無異致。報紙的篇幅也同樣可貴。這裏便是副總編輯和編輯主任們的工作了。編輯不留意，或是製作冗長的標題，足以多費半欄篇幅。許多編輯主任易蹈的錯誤是製作贅累的標題，譬如儘可一行的，他倒做了兩行之類。但話得說囘來，他們的工作都是急不及待的，而且有罰無賞，誰也不想到他們的困難。

在編輯部裏，幾個編輯主任實在最重要。他們如果不專誠與合作，那末總編輯是無能爲力的。他們可以使報紙好，也可以使報紙壞。他們是報業戰爭中制勝的步兵。他們的名字不大爲人所知，但老實說，沒有他們，「報紙」便無法存在。復次，編輯主任們常是優秀的匠人。告訴新聞編輯什麼是重要新聞的是他們。碰着了突發事件，而新聞已很擁擠，設法處理的是他們。

★　★　★　★

截稿的時候愈近，送稿的次數愈多。稿紙分發給排字的工人，校樣不斷地送到校對手中。校對的工作是編輯部裏最不受人羡慕的。他們的工作是將小樣上所有的錯誤逐一改正。因此校對必需受過高深的教育，具有廣博的知識。照規矩，他們對於所校的文章是不許有什麼意見與批評的。這是對的，但也不必執之過嚴。校對們七嘴八舌，妄加批評，果然可厭；但聰明的校對，偶而不顧這慣例，或許能大有裨益於總編輯。據我所知，就有過一個校對向總編輯指出了一篇社論中有一段與題無關的引文，而得到總編輯的嘉許。

★ ★ ★ ★

現在上印刷架的時間愈來愈近了。排字房領班不斷地報告着還缺多少稿子。早發的幾頁早已在澆鉛版了。後發的稿子也已拼好了。最後幾頁的校樣不斷地送上來。排字房報告稿子都已夠了。可是國會新聞，國外的電話電報，還有許多有趣的小新聞，不斷地送來，如果可能，必得設法編進去的。於是由副總編輯來決定什麼材料應該放在那一版，他必須迅速決定那一條消息應該删，那一條新消息應該放進去。原來配置得好好的，現在不得不拆毁了。整個版面的平衡將受威脅。

於是要人演說中，有幾段說得動人的，不得不删去，致編者的冗長的讀者來函，不得不加以刪節。甚至不得不省去一篇社論。那種敏捷的編輯手腕，必需親眼看見，才會相信。一切都準備好了，立刻就要拼攏版子。可是驚天動地的新消息又來了，於是什麽都得重配置。副總編輯和新聞編輯趕來趕去，或是打電話給編輯主任，要他趕快。編輯主任是用不到催促的，他以巧妙的手腕完成了幾乎不可能的事，最後一切都齊備了，於是總編輯又決定社論中必須說到這件大新聞。因此有幾段必需删去，加進新的文字去，這一進一出，急得編輯們的眉頭出汗。等到鉛版上了印架，電紐一揿，機器動了，才算完工。

這便是詩人吉百齡所謂「夜半緊張」的「重負時間」。到這時候，大部分的編輯人員可以休息一下了。於是燃起烟斗，討論討論剛印出來的報紙，然後整整容，回家去。編輯部裏靜了，但在機器間，打包間，正是忙的時候，院子裏停着不少卡車，等着裝運報紙。如果機器和紙張一點不出毛病還好；否則呢，印刷部人員的本領便顯出來了。他們應付緊急事變的本領簡直比輪船上的船員還要大。

一切順利，一疊疊報紙便送到打包間去，由打包專家們打成包子，黏上地址條子，私人定戶，便得捲起來，送到郵局去寄。卡車來往不絕，運着一版的報紙。於是在明日早晨，都能在早餐時讀到「他們的」報紙，有時遲到一點，他們還要不滿意，或是表示一篇文章中有一句不妥，或是處理新聞，有什麼不當，他們還以爲編輯先生爲什麼不略爲當心一點呢？

★　★　★　★

讀者的怨言很多。有時我希望他們能先懂得編輯的技術，然後再出怨言，因爲這樣才能使蹩脚報紙或是不進步的報紙減少銷路，而增加好報紙的銷路。不久以前，有一天深晚，某重要部長在北部某城市發表演說，事關全國，而且事屬緊急。他感謝反對黨領袖對於國防措置的支持，而支持的理由與條件，都是正當的。這是具有全國一致意義的重要演說。假如英國各大報紙都能處理得好，便能在外國發生良好的印象。可是演說的時間太晚了，因此消息到達倫敦各報，「外埠版」已經上了印刷架了。可是也有兩張報紙是充分處理的，一張是反對黨的「通俗性」報紙，還有一張是政府黨的「嚴肅性」報紙，那張「通俗」報紙將這條新聞登在第一版上，那張「嚴肅」報紙登在中間一版，但重要幾節都用黑體字排，以示顯著，再加以適當的評論。此外另有一張政府黨的「嚴肅」報紙，由於編輯部效率欠佳，只以小號字摘述了演辭的大意，摘述得又不得當，容易令人誤會涵義，而且登在不顯著的地位。該報的讀者如能表示其不滿，那末倒可以促使該報的編輯人員努力一點。

還有一個例子是新近的事。該報的讀者幾乎不曾注意到，但逃不到同業的眼睛。國會裏在討論政府與某自治領訂一重要協定的議案，辯論已屆重要關頭。該案卽將二讀表決，能否通過，尙在未定之天。某大報是反對這協定的，經它一攻擊，國會大多數議員有點動搖了。另一張大報是贊成這協定的，它以爲這協定如經批准，殊有利於英國與整個帝國。報紙稿擠已有幾個星期了，該報編輯部人員已弄得精疲力盡，經過一日夜的辛苦以後，他們不禁吐了一口氣，最後，機器的隆隆聲也聽見了。

正在這時候，某通訊社忽然傳來消息，說該自治領某要人作特殊反攻，擬轉變英國與論，破壞這協定。除非有特別辦法，否則該約由國會批准的機會極小，因爲當晚便要表決了。於是該報總編輯不顧印刷主任的抱怨，立刻下令停止印刷，前面兩頁取回來，重新加進新消息和評論去。這樣一來，要犧牲數萬份報紙，而且要脫去好幾班火車。

該報編輯部能幹異常，不到半小時，機器竟然又開了，因此末次一版上便以顯著地位刊載了這消息，還登了一篇社論，揭發企圖破壞該協定者的用意，籲請國會不再遲延，立卽加以通過。幾分鐘後，這篇社論立刻由通訊社發給該自治領各晨報，當日晚上國會便批准該協定。

像這樣的事，非總編輯與編輯部人員能同心協力，爲報紙的成功與政策而努力，便做不到。否則，縱有最佳的機器，最高的技術，也無能爲力。一家報紙的編輯部如能做到像一個交響樂隊，配合無間，那末這簡直是一種繁重的經歷和滿意的成就，因爲這樣的一張報紙印出來，便是一個國家，甚至整個世界生命中的一種活力。編輯這種報紙的「報紙之友」可以毫無愧色地自以爲——再引吉伯齡的原文——「坐在人和事的心中」，而永存在那裏。

# 第八章　理想的報紙

綜觀全書，我已經提示了新聞事業應該努力完成的理想，以及按照這理想的標準，英國報紙的短失之處。我很知道，批評易而成功難；我也可以想像有些工作過勞的新聞記者，確實感覺到自身困陷於天羅地網之中，會躁急地回答道：「不要空談理論吧！假使你有機會，而又不受束縛的話，你要創辦一份什麼樣的報紙呢？在現狀之下，爲了要替一份商業性的報紙獲取自由，你還能有什麼作爲呢？」

這是一個公平的問題。用理論來回答它，不致發生困難。而把答案見諸事實，求其成功，那就是另外一會事了。不是所有的新聞記者都具有辦報的手腕與技能的。一個新聞記者儘管有編輯的天才，但是他會在辦報之中以慘敗下場的。至於我，絕對不敢自信，說有辦報的才具，尤其是一份要在商業上成功的報紙，如「泰晤士報」的約翰・瓦特，「紐約時報」的約瑟夫・普利錫……等人，他們都能把各自經營的報紙，在營業上表現良好的成績。他們當中有幾位過去是純正的新聞記者，現在也是如此。要說營業上的大成功，就是一份良好報紙的最好標準，我可不能完全心折。舉個例吧，「威斯脫敏斯脫公報」（Westminster Gazette）

就是從來虧本的；但那一位新聞記者，可以否認它是一份值得讚賞的報紙呢？「曼撤斯特衛報」也不是股東老闆的點金鑛，這是一向的公認。但是我不知道，任何國家，還有更優於「曼撤斯特衛報」那樣的一份報紙，爲了達到他的目的，一遇到營利的觀念，就因保持新聞事實的完整，不稍讓步。但是，理想與事實總是相背馳的。

正如多數新聞記者所幻想的夢境一樣，我有時也作不可思議的想像。假如我手中有一百萬鎊，或更大量的款項可供調度，並且或是自己新創一份報，或是接辦一份報，把它改絃易轍，究竟應該把他辦成一副什麼面目呢？在「新聞企業化的」現狀之下，一份報紙可能超越現狀，或是利用它以恢復和保障言論的自由嗎？雖然我準備承認那份報紙的主持者，必須具有遠優於我的指揮才能，而這個論斷應該是可能的。在第一次世界大戰期間，協約國方面需要一位卓越的或是天才的軍事指揮，假使這一位人物沒有出現，是不是因爲環境的過分複雜，非任何人所能善理呢？

早在一九二一年，拿坡崙百年祭的前幾個禮拜，我向福煦將軍（他對於拿坡崙的認識在協約國將領中任何一人之上），若以拿坡崙取他在大戰結束階段所担任的協約國聯軍總司令的位置，會不會有更好的表現，否則就是現代的複雜環境，使拿坡崙變得渺小了。福煦將軍的囘答是這樣的：當他在大戰期間每過拿坡崙之墓的時候，就時常想到這個問題，得到一個結論：以拿坡崙無限的忍耐力，可使他在六個星期當中，熟悉現代戰爭的環境。於是他說到他（指拿坡崙）必然已經發明一些新戰術，尋出一些新技巧，予敵人以出其不意的打擊。

幾乎相同的，我想一個天才的辦報者，將把握並利用創辦現代報紙的複雜環境，在同業競爭者的臆測之前，先發制人。他的成功，端賴他能否察覺新興一代的心情，替他們把心中的思想發表出來，領導他們走上欣願走上的路，因爲他們僅知路之所在，而不知如何邁步。

不久以前，有一位讀者寫信給「曼撤斯特衞報」，痛感今日的人民缺乏一個爲它而生，假使必要，爲它而死的理想。他說，他們的生活缺乏精神上的素質。我相信這種痛切的感覺是普遍的。人民迷惑而沮喪，其中特別是青年，沈浸在各種體育與娛樂之中，愈冒險愈夠味；對於公共事件，沒有合於理性的觀點；

雖然他們多數不知不覺地有自由主義的傾向，而對於自由的原則，知道得太少，就不能從中尋出一種靈感上的泉源。和平主義對於他們的心情是接近的，而戰爭的痲木作用使他們與和平主義疏遠了。他們追求非他們的能力所及的更大的理想——往往是徒然的。文學與說教，政治家與國會議員，哲學家與科學家，給他們的不是麵包，而是瑪瑙。生活上不斷增長的機械作用，却剝奪了他們努力於創造性活動的機會。

新聞紙反映這一切不連貫的盲目現象，而且加以挽救。現在是一位具有遠象的辦報者的大好時機，因爲他可以懷着一個理想和自身的抱負，對於這兩者他都可以隱藏在自己的心裏，惟恐他在替那班愚者辯護以前，就給他們譏笑了。我所夢想的報紙，將反映現代生活的騷亂與顚狂，其報道忠實的程度，決不在現有的報紙之下。但是只把它們當作騷亂與顚狂的現象看，一如其實，它將在這些現象的背後尋出眞相，予以宣露，讓它們赤身露體給人們看，對於一切習俗都不加重視，因爲它們只是習俗而已。應該致敬讚譽的，就得致敬讚譽；是非黑白，給它們各自一個應有的去處。

這是完全不足畏懼的，這份報紙的一部份資本，應該用在取得青年的信仰上，使他們信任報紙的判斷，而步其後塵。

當然，我的報紙要盡其努力地獲取新聞，但也視徒費讀者時間的政策爲不足取。決不以五光十色的標題欺騙讀者，或是作不必要的重複。優秀而謹愼的編排，可以幫助讀者獲得報紙內容的精華。

我的理想的報紙，將使値得刊載的新聞，刊載出來，愈新鮮愈好，無論它適合不適合報紙的政策，因爲它的政策是適應客觀事實的要求，它決不隱蔽或曲解（虛飾）事實，使其與政策相符。假使有什麽疑義發生，審思熟慮也許無裨於宣傳，甯願讓他懷疑去，反而獲益不淺。它決不擁護任何政府，或政治家，或個人。它將是公衆的僕人，只有對於公衆福利有關的，才肯表示效力。它決不阿諛公衆，討好讀者。一個忠實的僕人，應該把眞情實事告訴他的主人。

我的報紙是國家的，而非國家主義者的。它是自由的，而非自由主義者的。它將努力和平的實現，而不談和平主義。對於當前的重大問題，假使沒有其他的支持方法，就把它們加以清晰的說明，使各民族及人民，在一條正確的路徑上鬬爭，以至於死。它決不會陷於那樣一個可悲的錯誤之中：以爲避免衝突，就是和平。爲了反對國家與國家之間以戰爭的方式解決紛爭，它將盡力指出這是殘忍的蠢舉。但是它，時刻記住，除非和平能夠運用自我效忠與自我犧牲的精神比較戰爭的方式更有價値，人們的心決不會與戰爭脫離，并且懷有冒生命之險的精神。我的報紙將努力聯合各國，不僅反對戰爭，而且保障個人的自由與人類的權利，以啓建設性的國際互助之大道。至於對國家與社會兩方面，它武裝各階層的公民，致力社會建設的改進工作。

像這樣的一份報紙——技術優秀，確可信賴，供給新聞，適合需要，充滿活力——能夠指望以發行的收入抵付支出嗎？不去兜攬，就可以靠充分的廣告收入平衡預算嗎？我相信，假使它能在沒有獲得公衆的擁戴以前力足以盡其責，這是可能的。

或者能有這樣的一天，幾位具有獨立風格的天才報人，會得做出這樣的工作的。那麼我們的廣告兜攬者，紅利追求者，和發行的市儈，會拭目以視，對於已有的成就感到驚奇的。到了那個時候，我的理想報紙，眞的可以放在理想的領域之中了。

图书在版编目（CIP）数据

新闻学的理论与实际 /（英）斯蒂德（Henry Wickham Steed）著；王季深，吴饮冰译
．—北京：中国传媒大学出版社，2018.3
（中国近代新闻学名著系列丛书 / 芮必峰主编）
ISBN 978-7-5657-2287-5

Ⅰ．①新… Ⅱ．①斯… ②王… ③吴… Ⅲ．①新闻学 Ⅳ．① G210

中国版本图书馆 CIP 数据核字（2018）第 054274 号

中国近代新闻学名著系列丛书
芮必峰　主编
新闻学的理论与实际
XINWENXUE DE LILUN YU SHIJI

| | |
|---|---|
| 著　　者 | 〔英〕斯蒂德（Henry Wickham Steed） |
| 译　　者 | 王季深　吴饮冰 |
| 策划编辑 | 司马兰　姜颖昳 |
| 责任编辑 | 姜颖昳 |
| 封面设计 | 拓美设计 |
| 责任印制 | 阳金洲 |
| 出版发行 | 中国传媒大学出版社 |
| 社　　址 | 北京市朝阳区定福庄东街 1 号　　邮编：100024 |
| 电　　话 | 86-10-65450532 或 65450528　　传真：010-65779405 |
| 网　　址 | http://www.cucp.com.cn |
| 经　　销 | 全国新华书店 |
| 印　　刷 | 北京华联印刷有限公司 |
| 开　　本 | 787mm × 1092mm　　1/16 |
| 印　　张 | 11.75 |
| 字　　数 | 120 千字 |
| 版　　次 | 2018 年 6 月第 1 版　　2018 年 6 月第 1 次印刷 |
| 书　　号 | ISBN 978-7-5657-2287-5/G · 2287　　定　　价　59.00 元 |